课程思政建设探索教材

高等教育轨道交通系列教材·交通运输类

铁路运输经济学

（第3版）

主　编　秦四平

副主编　葛正义　卫振林

北京交通大学出版社

·北京·

内容简介

本书旨在用经济学的理论和方法研究铁路运输活动如何与其他经济活动协调发展，铁路运输企业如何充分利用有限资源，以尽可能低的成本满足社会生产和生活需要，同时保证企业效益的最大化。本书主要内容包括铁路运输的特点及铁路运输业的性质；铁路运输与国民经济发展的关系；经济与铁路运输在空间上的发展规律；铁路运输需求与供给的特点及其影响因素；铁路运输成本的构成和计算方法；铁路运输设备的运用效果评价；铁路运输价格制定理论；铁路运输企业的经济效益分析。

本书可作为普通高校交通运输规划与管理专业铁路运输方向的教学用书，也可供铁路运输规划与管理工作者、铁路运输企业的经营管理人员与市场营销人员参考。

图书在版编目（CIP）数据

铁路运输经济学 / 秦四平主编. —3 版 . — 北京：北京交通大学出版社，2023. 8
ISBN 978-7-5121-5041-6

Ⅰ. ① 铁…　Ⅱ. ① 秦…　Ⅲ. ① 铁路运输-运输经济学　Ⅳ. ① F530

中国国家版本馆 CIP 数据核字（2023）第 129954 号

铁路运输经济学
TIELU YUNSHU JINGJIXUE

责任编辑：吴嫦娥
出版发行：北京交通大学出版社　　电话：010-51686414　　http：//www. bjtup. com. cn
地　　址：北京市海淀区高梁桥斜街 44 号　　邮编：100044
印 刷 者：北京时代华都印刷有限公司
经　　销：全国新华书店
开　　本：185 mm×260 mm　　印张：10. 5　　字数：269 千字
版 印 次：2012 年 11 月第 1 版　　2023 年 8 月第 3 版　　2023 年 8 月第 1 次印刷
定　　价：39. 00 元

本书如有质量问题，请向北京交通大学出版社质监组反映。对您的意见和批评，我们表示欢迎和感谢。
投诉电话：010-51686043，51686008；传真：010-62225406；E-mail：press@bjtu. edu. cn。

总 序

我国是一个内陆深广、人口众多的国家。随着改革开放的进一步深化和经济产业结构的调整，大规模的人口流动和货物流通使交通行业承载着越来越大的压力，同时也给交通运输带来了巨大的发展机遇。作为运输行业历史最悠久、规模最大的龙头企业，铁路已成为国民经济的大动脉。铁路运输具有成本低、运能高、节省能源、安全性好等优势，是最快捷、最可靠的运输方式，是发展国民经济不可或缺的运输工具。改革开放以来，中国铁路积极适应社会的改革和发展，狠抓制度改革，着力技术创新，抓住了历史发展机遇，铁路改革和发展取得了跨越式的发展。

国家对铁路的发展始终予以高度重视，截至 2022 年年底，全国铁路营业里程达 15.5 万 km，其中高速铁路 4.2 万 km，基本形成布局合理、覆盖广泛、层次分明、安全高效的铁路网络。运输能力满足国民经济和社会发展需要，主要技术装备达到或接近国际先进水平。铁路是个远程重轨运输工具，但随着城市建设和经济的繁荣，城市人口大幅增加，近年来城市轨道交通也正处于高速发展时期。

城市的繁荣相应带来了交通拥挤、事故频发、大气污染等一系列问题。在一些大城市和一些经济发达的中等城市，仅仅靠路面车辆运输远远不能满足客运交通的需要。城市轨道交通节约空间、耗能低、污染小、便捷可靠，是解决城市交通的最好方式。未来我国城市将形成地铁、轻轨、市域铁路构成的城市轨道交通网络，轨道交通将在我国城市建设中起着举足轻重的作用。

但是，在我国轨道交通进入快速发展的同时，解决各种管理和技术人才匮乏的问题已迫在眉睫。随着高速铁路和城市轨道新线路的不断增加以及新技术的开发与引进，管理和技术人员的队伍需要不断壮大。企业不仅要对新的员工进行培训，对原有的职工也要进行知识更新。企业急需培养出一支能符合企业要求、业务精通、综合素质高的队伍。

北京交通大学是一所以运输管理为特色的学校，拥有该学科一流的师资和科研队伍，为我国的铁路运输和高速铁路的建设作出了重大贡献。近年来，学校非常重视轨道交通的研究和发展，建有“轨道交通控制与安全”国家级重点实验室、“城市交通复杂系统理论与技术”教育部重点实验室，“基于通信的列车运行控制系统（CBTC）”取得了关键技术研究的突破，并用于亦庄城轨线。为解决轨道交通发展中人才需求问题，北京交通大学组织了学校有关院系的专家和教授编写了这套“高等教育轨道交通系列教材”，以供高等学校教学和企业技术与管理人员培训使用。

本套教材分为交通运输、机车车辆、电气牵引和土木工程四个系列，涵盖了交通规划、运营管理、信号与控制、机车与车辆制造、土木工程等领域，每本教材都是由该领域的专家执笔，教材覆盖面广，内容丰富实用。在教材的组织过程中，我们进行了充分调研，精心策划和大量论证，并听取了教学一线的教师和学科专家们的意见，经过编者们的辛勤耕耘以及编辑人员的辛勤努力，这套丛书得以成功出版。在此，我们向他们表示衷心的谢意。

希望这套系列教材的出版能为我国轨道交通人才的培养贡献绵薄之力。由于轨道交通是一个快速发展的领域，知识和技术更新很快，教材中难免会有诸多的不足和欠缺，在此诚请各位同仁、专家不吝批评指正，同时也方便以后教材的修订工作。

编委会

2023 年 5 月

前言

经过改革开放以来的转型实践，我国的市场经济体制日趋完善，铁路运输与市场经济的接轨，在运输经济问题上引发许多需要研究解决的新问题。一方面，铁路作为国家运输体系的重要组成部分，在国民经济发展和人民生活水平提高的过程中发挥着重要作用，铁路规划建设与运营管理的基本目标是保证社会经济生活的正常运转，追求社会效益的最大化；另一方面，铁路也是生产企业，需要按市场经济规律运作，企业需要根据市场经济规则组织运输生产，通过收取运输服务费用补偿生产消耗，并为铁路的发展积累资金。这就要求铁路运输经济学用经济学的理论和方法研究铁路运输活动如何与其他经济活动协调发展，铁路运输企业如何充分利用有限资源，以尽可能低的成本满足社会生产和生活需要，同时保证企业效益的最大化。

基于上述考虑，交通运输规划与管理专业铁路运输方向的学生，既需要掌握运输经济理论，满足从事铁路运输规划、行政管理工作的要求，又需要掌握运输经济方面的实际操作知识，以满足在基层从事铁路运输生产组织管理工作的需要。

根据这一思路，本书的内容分为 5 个部分：第一部分（第 1 章）介绍铁路运输的特点及铁路运输业的性质，界定铁路运输经济学研究的条件和内容；第二部分（第 2~4 章）分别介绍铁路运输与国民经济发展的关系，经济与铁路运输在空间上的发展规律，铁路运输需求与供给的特点及其影响因素，系统分析铁路发展与社会经济发展间的协调关系；第三部分（第 5~6 章）介绍铁路运输成本的构成和计算方法，并重点介绍铁路运输设备的运用效果评价，意在探求降低铁路运输成本的思路与途径；第四部分（第 7 章）介绍铁路运输价格制定理论，并分析铁路定价机制问题；第五部分（第 8 章）介绍铁路运输企业的经济效益分析，并通过提供不同类型的案例，综合运用相关理论知识，加深学生对实际问题的理解。

本书第 1 版于 2012 年出版，得到广大读者的厚爱。但由于铁路的发展，部分内容已不合适，主要是数据老化，有的提法已经过时。铁路虽然发展变化大，但并不影响运输经济基本理论与方法的适用性。因此，本次第 3 版保持了原书的章节结构与主要内容，仅对各章节的相关数据进行了更新，也修改了部分已改变的提法与措辞。

本书由北京交通大学秦四平、葛正义、卫振林合作编写，具体分工为：秦四平负责编写第 1、第 7、第 8 章；卫振林负责编写第 2、第 3 章；葛正义负责编写第 4、第 5、第 6 章。

全书由秦四平统稿。本次再版各章节的修改由原作者各自完成。

本书在编写过程中，参考了大量有关文献，在此谨向原作者表示衷心的感谢！同时感谢北京交通大学交通运输学院、远程与继续教育学院的支持和帮助。感谢北京交通大学出版社、使用单位和读者的支持。

由于编者水平所限，书中难免存在不足之处，欢迎广大读者批评指正。

编者

2023 年 5 月

目　录

第1章

绪论

【思政目标】

学习党的二十大的实践精神，了解铁路运输生产和产品的特点，加深对运输业性质的理解。

【内容概要】

运输生产是实现人和货物空间位移的一种活动，是人类社会生产和生活的组成部分。铁路运输是运输系统的一个组成部分。运输经济学研究与运输有关的经济问题。

本章主要介绍铁路运输生产及产品的特点、运输业的性质和铁路运输经济学研究的内容。

【学习重点与难点】

学习重点：铁路运输生产的特点、铁路运输产品的特点和对运输业性质的理解。

学习难点：对铁路运输业性质的理解。

1.1 铁路运输的特点

研究铁路运输经济问题，离不开铁路运输生产的特点。铁路运输生产的设备构成及其空间分布、流程、组织都影响其经济效果，这些又取决于铁路运输生产的目的、需求的结构及其空间分布。

1.1.1 运输的含义及分类

本书所讨论的运输，是在一定范围内的人与物的空间位移，并非所有的人与物的位移。

首先，经济活动引起的物质移动有很多种，除了一般意义上的货物运输，还有输电、输水、供暖、供气等。这些活动也产生物质在空间的位移，在一定意义上与货物的移动并没有本质上的区别。但是，由于输电、输水、供暖、供气都各自拥有独立于运输体系的传输系统，它们完成的物质位移不依赖于普通的运输工具，因此，这些形式的物质位移不包括在运输领域之中。

其次，从物质生产过程来看，运输活动分为两类：一类是作为生产过程有机组成部分的内部运输；另一类是作为物质生产部门的运输业所从事的运输活动。前者一般不在通常所说的运输范围之内。但有很多运输设备主要负责企业内部的短距离运输工作，主要是原材料和半成品在不同生产环节之间的搬运或出入库，由此产生的人与物的位移，一般被称作“厂内运输”或“内部运输”。厂内运输和一般意义上的运输有时不容易分得很清楚，如有些企业自备车辆既负责内部运输，又承担外部运输；随着企业规模的扩大、联合或兼并，一些过去属于内部的运输可能变成外部运输，外部运输则又可能转化为内部运输。另外，现代物流理论对企业内部运输、外部运输、装卸搬运、仓储，以及订货、销售等各个环节进行一体化管理，运输被视为整个物流系统的一个组成部分。

最后，由工作性质引起的人和物的移动不属于运输。一些改作他用的运输工具本身已成为所安装的主要设备的附属物，如救援列车、工程车等，这些运输工具尽管也产生人与物的位移，但不属于运输范围。

运输活动有多种类型：从运输的对象来看，可以分为旅客运输和货物运输；从经济关系和运输任务完成的主体来看，可以分为旅客或货主利用自己的运输工具完成的运输和由运输企业完成的公共运输；从运输涉及的空间范围来看，可以分为城市内运输和城市间运输。

按空间活动范围和运输活动性质划分，运输活动分为点上的活动和线上的活动两类。港站经营者在一定空间区域内提供装卸搬运、仓储、包装等服务；线路经营者或提供线路设施及相关服务或提供大范围的空间位移服务。港站、线路等运输设施一般属于公共设施，具有自然垄断属性，多数由国家投资兴建及维护，其经营受国家的监督与控制。空间位移活动可以引入竞争，进行市场化经营。目前，我国的铁路系统为点、线设施与经营一体化的管理模式。

现在的铁路旅客运输由中国国家铁路集团有限公司（简称国铁集团）统一运作，货物运输则分为 3 种情况：国铁集团统一运作大部分货物的运输；部分货物列车由其他企业承包经营；某些特殊货物使用生产企业自备车辆进行运输。它们的经济责任与权利是不同的。

1.1.2 铁路运输生产的特点

铁路是一个复杂的系统，铁路运输生产独具特色。

1. 铁路运输生产在流通过程中进行

从整个社会再生产的角度来看，运输业是生产过程在流通领域中的继续，具有物质生产的一般性质，直接同一般商品生产过程相连接，但它却是在流通领域内进行的，是在实现商品实体从生产地向消费地转移的过程中完成的，所以，运输业是流通过程得以进行的物质条件和重要组成部分，是社会生产的一般共同条件，具有先行的特征，这与其他物质生产部门是有所不同的。

运输业在流通领域中继续生产过程，不是一个孤立的环节，运输活动与商业活动共处于流通领域，相辅相成。商品的流通过程是价值的实现和使用价值的变换的统一。商品所有者要使包含在商品中的价值得以实现，必须以在交换中让渡商品的所有权为前提。同样，商品只有通过交换从生产者或经营者手中转移到最终的消费者手中，才能实现其使用价值。前者是商品在交换中发生的价值形态的变化和所有权的转移，称为商品价值流通，简称商流；后者是商品实体从生产地向消费地的实际运动，称为商品实体流通，简称物流。商流与物流的关系在不发达的商品流通中表现得比较简单，随着商品生产的发展、市场的扩大，生产和消费在空间与时间上的距离加大，商流与物流运动不仅相互分离，而且两者之间的关系也复杂化了。商流与物流的分离有3种基本类型：① 商流在前、物流在后；② 物流在前、商流在后；③ 商流和物流在某些环节上分离。此外，在某些商品流通的某一环节中，也存在只有商流没有物流，或者只有物流没有商流的特殊形态。所以，一般情况下，只有运输活动与商业活动的结合，才能顺利完成商品的流通，从而实现社会的再生产过程。

作为运输业组成部分的铁路运输也是如此。

2. 铁路运输生产过程复杂

铁路运输生产过程由各个运输生产环节衔接构成，而各生产环节配备不同的设备，需由掌握不同技术的人员操作完成，运输组织、机车、车辆、电力、通信信号、工务等各部门间必须通力协作才能完成生产任务。各相关部门的人力、物力配置需要协调，才能以尽可能少的投入获得尽可能大的产出。

无论是客运还是货运，运输的结果都是运输对象场所的变动。在运输生产过程中，旅客和货物是与运载工具一起运行的，运输对象非铁路部门所有，本身不发生物理和化学变化，仅仅是发生空间位移。

3. 铁路运输生产在广阔的空间内进行

铁路系统是一个巨大的空间网络，铁路运输生产是在广阔的空间内进行的，这将引起成本的增加。首先，为了有效管理，管理层次相对较多，中国铁路总公司、铁路局、站段三级管理，站段下面还有车站，管理成本比较高。其次，运输产品要保证安全、准确、及时和经济，企业内部生产协调复杂，移动设备调拨导致使用效率降低、成本增加。例如，受各种条件限制，铁路网中不同线路技术标准难以统一，相邻线路牵引定数不同，列车需要加减轴、换挂机车。最后，运输经营的规模经济性与社会需求的分布之间存在矛盾，从企业的角度出发，进行规模经营无疑是有利的，但从满足社会需求的角度，只要有需求就应该满足，虽然这对运输企业的经营是不利的，但从社会角度又不能不满足这种需求，因此，只能在一定程度上牺牲运输企业的规模经济效益。

1.1.3　铁路运输产品的特殊性

运输产品不具有实物形态，仅仅是一种服务。它不能脱离生产过程而存在，所产生的效用与生产过程不可分离。

1. 运输产品的概念

要了解运输产品的特点，需要明确运输产品的概念。运输业的产品是人与货物的空间位移，不是“人公里”“吨公里”，后者只是表示客货运输周转量的统计指标，与运输产品不能混为一谈。以货运产品为例，货物位移和吨公里具有以下区别。

1）吨公里不是运输产品

货物位移是指货物在空间位置上的变化，而吨公里只是这种变化在重量和距离方面的一个度量单位。货物位移还可以从别的角度来度量，如货物的体积，吨公里无法反映位移过程中体积方面的数量关系。

2）吨公里数相同的不同运输不能互相替代

货物位移是具体的，每一次货物位移都有确定的货物和发送及到达地点。发送及到达地点不同，尽管货物和运距都一样，也是不同的位移；发送及到达地点一样但货物不同，也是不同的位移。而吨公里是一个概念，把其他方面的特征都抽象化了，只体现各种货物位移在重量和距离方面的共性，只是把不同的运输产品在数量上进行对比。

3）位移含有质量因素

即使是相同的货物位移，在质量上也可能存在差别。例如，货物运到时间的差别、货物运送条件的差别（如保温车运送易腐货物）、节约其他社会劳动的差别（如集装箱运输可以节约包装费用）等，吨公里不能反映这些差别。

4）吨公里不能反映货物位移的全部工作量

货物位移对应着包括装卸等其他作业的货物运输的完整过程，有时候一个运输过程要包括几次装卸，吨公里则无法包含这些内容。

5）相同的货物位移可能产生不同的吨公里数

两地之间的运输无论使用哪一种运输工具，货物位移都是相同的，但采用不同的运输方式、运输路径所产生的吨公里数是不一样的。

6）不同运输方式计费重量和统计方法有所不同

由于各种运输方式的有关规定不同，货票单据和统计报表上的吨公里数字有时并不是实际的货物位移量；而当货物经过两种以上运输方式联运时，每个运输部门所统计的吨公里数与真正的货物位移差别会更大。

2. 铁路运输产品的特点

作为服务业，铁路运输产品具有以下特点。

1）运输产品的无形性

运输不生产新的物质产品，运输产品是没有实物形态的产品。以货物运输为例，货物作为劳动对象进入运输过程并不像一般商品生产那样，劳动对象经过物理的或化学的变化取得新的使用价值形态。运输既不改变所运货物的物理状态和化学结构，也不改变其使用价值，而只是使物品发生空间位置的变化，从而改变它的使用价值的状态，完成消费的准备。

具有特定物质形态的物品，无论是工业产品还是农副产品，它们总是具有一定的物质形态，或者是固态，或者是液态，或者是气态。由于具有物质形态，人们可以辨识、触摸，可以对产品进行直接观察。产品的物质形态往往是顾客认识产品的第一步，也是决定购买与否的重要因素。服务则不具有以上特点，通常不具有特定的物质形态，如果不提供服务过程，人们很难感受到服务的存在，也不能对服务进行事前的观察、试用。但是为了发生空间转移，旅客或货物要直接利用运输工具，与司乘人员或其他路面服务人员发生接触，因此，运输服务在厂家和用户之间必须建立直接联系，要面对面地提供服务、接受服务，用户对服务质量的认识是非常清晰和敏感的。换言之，人们对产品的感知是静态的，而对服务的感知必须在服务过程中进行动态的认识。

2）运输产品不能储存

工农业产品的生产和消费，表现为在空间和时间上相分离的两种行为，产品作为成品离开生产过程之后，作为和生产过程分离的商品转入流通，最后进入消费。而运输产品的生产和消费是同一过程，其使用价值与其生产过程不能分离，不能在生产过程之外流通，只能与生产过程同时被消费。因此，运输产品的生产和消费这两种行为是合二为一的，在空间和时间上是结合在一起的，不能被储存、保管。

3）运输服务具有一定的物质属性

运输服务对人类社会可以产生非常重要的效用，是人类生活、生产活动所必不可少的组成部分。但是，运输服务只能产生使人或物实现空间移动的效果，不能像制造业或农业那样创造有形财富，它是无形的，看不见，摸不着，物质属性淡弱。因此，世界各国均把运输业列为第三产业，以区别于其他物质生产部门。但由于运输业的物质属性也是存在的，运输服务是与时间、空间有关的活动，而时间和空间是物质存在的基本形式。因此，运输服务过程是可以体验的。

4）运输服务具有综合性和有限性

服务的功能大多数是单一性的，但是运输服务则不然，虽然发生空间移动是运输服务的核心，但是围绕着空间移动这一目的还需要为顾客提供其他的服务内容，包括餐饮、睡眠、购物、行李寄存、旅行指南等，所有这些服务综合起来才构成运输服务的全部内容。从运输服务涉及的内容看，运输服务具有综合性，但是由于条件所限，如受火车和飞机的空间、路线、旅客密度等因素的影响，运输服务中每项内容的服务数量和质量都不可能充分地发挥，而是提供有限的服务，特别是重点提供基本服务。例如，列车的餐饮条件有限，人们肯定不会像家里、饭店那样方便和舒适。在有限的条件下，运输服务的基本服务项目必须保障，如列车的开水供应、车厢卫生的保证等是不可缺少的。

5）运输服务具有过程性

运输在提供人和物的空间转移时必然发生时间消耗，即使最现代化的运输工具也不可能像通信服务那样把服务时间缩短为零状态。由于运输存在时间消耗，因而运输服务必须在位移活动中提供全过程服务。这种全过程服务一方面说明运输服务不能发生间断，必须连续地进行；另一方面说明运输服务要注意各环节的有机衔接，从购票、登载，到输送、离开全过程提供系列化服务。

6）运输服务具有公共产品特性

公共产品是指不缴纳费用而人人都能享受的产品。纯粹的公共产品具有两个基本特征：① 非排他性，公共产品是向整个社会提供的，消费是集体的，其效用不能分割成若干部分，分由不同消费者享用；② 非竞争性，公共产品满足公共需要，不限于某个人或集团享用，受益对象之间无利害冲突。

公共产品享用的非竞争性包含两个方面的含义：边际生产成本为零——公共产品消费者增加和产量增加导致的边际生产成本并不一致；边际拥挤成本为零——公共产品是共同消费的，不存在消费中的拥挤现象，每一个共同消费者的消费都不影响其他消费者的消费数量和质量，即边际拥挤成本为零。

根据上述特点，运输产品在一定条件下具有公共产品特性，如不拥挤的公路、非满载的铁路旅客列车等，增加一个消费者，不用增加生产的固定成本，也不会影响其他消费者的消费。部分运输产品消费者不用支付全部费用，如某些铁路支线客货运输、市郊铁路旅客列车、城市内部的公共交通等。

1.1.4 生产特点对铁路运输活动经济分析的影响

运输业的生产特点，对运输业的经营管理有着重要的意义，也对运输活动经济分析产生影响。

1. 经济核算具有特殊性

运输业不生产新的实物形态的产品，使运输生产资本结构和运输成本结构独具特点，因而提出对其管理的特殊要求。运输业的资本由支付劳动资料和劳动力的资本构成，资本循环公式与一般工业资本不同，流动资金中没有原料和成品储备资金，流动资本所占比重较小。而与固定资产有关的费用，如折旧等费用则占有很大的比重，因此固定资本比重较大。这些特点决定了在资本和成本管理中，要重视固定资产的管理，安排好固定资产的折旧，提高资产使用效果，降低运输成本，提高经济效益。

由于运输产品不具有实物形态，不能储存和调拨，只能和运输生产过程同时被消费。这使得运输业为了适应运输需求的波动，不得不储存运输能力，而运输能力的储备需要大量的投资，增加了运输经营成本。

2. 运输生产具有较高的社会成本

生产决定流通，本源性需求决定派生需求，运输是社会生产和生活的一般共同条件，运输需求几乎是所有经济主体的普遍需求，因此，运输业与国民经济各个部门之间需要保持一定的比例关系。另外，运输产品的同一性决定着在一定时空范围内各种运输方式相互间的可替代性，各种运输方式之间，以及每种运输方式内部各环节之间，也需要保持一定的比例关系。在计划经济条件下，可以通过国家经济发展计划进行宏观调控。在市场经济条件下，国家宏观调控能力减弱，运输业的基础设施特性、公益性又决定了其不能完全由市场根据价值规律自行调节，加上运输设施投资大、建设周期长等特点，往往形成两种极端情况：供给不足制约社会经济发展；供过于求造成资源浪费。这两种情况都使运输业具有比较高的社会成本。此外，出于地方经济发展的需要，地方政府关注的重点是运输设施对经济发展的促进作用，往往忽视运输企业的经济效益，有的地方政府还对已有的运输设施使用者征收各种名目的费用，这些也加大了运输企业经营的社会成本。

3. 运输供给与需求的不同步增长带来较高的成本

运输需求的增长要求有相应运输能力的增长来满足，前者是持续增长，后者却是跳跃式增长，且运输能力无论是外延扩大还是内涵提高，运输项目从兴建或改造到形成运输能力，一般都需要较长的周期。运输的先行性和基础设施特征，使得在运输设施建成投产初期运输能力大于需求，运输成本比较高，但当需求超过供给能力到新的运输能力形成之前，供不应求带来消费者的成本上升。

4. 运输能力不能调拨使生产成本增加

运输生产是在广阔的空间内进行的，具有网络经济性，运输线路和港站一经建成，就不能进行地区间的调剂，而社会经济的发展在空间上是不均衡的，客货运输的需求会随着时间变化，不变的设施相对于变化的需求，使运输设施时常处于忙闲不均的状态，这必然引起成本的增加。

运输需求在时间上的不均衡也会带来运输成本的增加。节假日旅客运输需求高涨，铁路客运能力供不应求。而到了淡季，出现旅客列车上座率低，部分客车停运闲置，由此造成一定的经济损失。线路、车站能力储备也是如此。

5. 运输的公益性与企业自身利益间存在矛盾

运输的基础设施特性、公益性特性，决定了运输生产企业不仅要考虑自身的经济效益，更要考虑社会经济效益的最大化。这使得运输业的生产以社会经济效益最大化为目标，经营决策不能只追求企业经济效益最大化，在很大程度上受到政府的干预，这往往引起运输企业的经营决策与市场需求脱节，无法根据市场的变化随时调整，影响企业经营效果。

1.2　铁路运输业的性质

研究铁路运输经济问题，离不开国家对铁路的要求，铁路规划、建设的目标，以及关于铁路的各种政策。这些问题源于政府决策部门对铁路行业的理解与定性。因此，认识运输业的性质，是运输经济学的一个基本问题，也是分析运输经济问题的一个基本出发点。问题的实质是如何认识运输活动的性质，将运输业划归何种部门、产业或领域。对这个问题的回答，关系到如何认识运输业在社会经济生活中的地位和作用，如何处理运输业与其他部门或产业之间的关系，以及如何对运输业及其内部进行管理等。然而，不同的经济学理论，由于其研究问题的角度和目的不同，对上述问题的回答也不相同。

1.2.1　运输业的作用

运输业在社会经济发展中起着重要的作用。

1. 运输生产是物质生产过程的延续

没有运输，生产过程无法延续，产品无法送达市场，消费也无法进行。只有通过各种运输方式，才能把原材料、燃料等送达生产地，又把产品运往消费地区。因此，运输业和其他部门的联系要比其他行业更加广泛，它几乎和所有企业都发生直接或间接的关系。运输畅通与否，对企业的连续生产，充分发挥生产资金的作用，以及加速商品流通，都具有极其深远的影响。

2. 运输业是保证社会生产和生活有序进行的必要条件

运输业不仅是国民经济的重要部门之一，它的存在和发展还可以诱导经济的发展，对促进经济乃至整个社会的发展具有广泛而深刻的意义。运输业的发展包括运输业服务水平和质量的改进，运输费用的降低和运输速度的提高，有助于新资源的开发，发展落后地区的经济，扩大原料供应范围和销售市场，改进工农业的布局，增进社会福利，抑制通货膨胀，降低社会生产成本，最终促进社会生产的发展和有助于社会的繁荣。

3. 运输业促进资源的开发和合理配置

为了开发条件好的资源，有时需要增加建设投资，或者长距离运输产品，虽然增加了运输费用，但这种资源的开发一般投资省、成本低，在一定条件下可能是有利的；发达的运输业，可以减少在途物资数量，缩短商品的流通时间，减少物资储备，从而减少商品在流通过程中的数量，节省流通资金；质量良好的运输条件能减少货物的损耗。

1.2.2 运输业属于物质生产部门

在马克思的政治经济学体系中，国民经济被划分为两大门类：物质生产部门和非物质生产部门。这种分类旨在研究与区分国民收入的创造和国民收入的分配，研究与区分经济基础和上层建筑。按照这种划分，物质生产部门是指从事物质资料生产的部门，如生产粮食的农业、生产机器的机械制造业、生产矿石的采掘业等。马克思还将物质生产部门的范围扩大到那些直接为物质资料生产服务的部门，把与物质资料实物形式和运动相联系的活动列入物质生产部门的范畴。对于运输业，马克思认为，应划归物质生产部门。

1. 运输业的物质生产特征

物质资料的生产是人们借助于劳动工具，对劳动对象进行物质的变化，使之适合于自己需要的有目的的活动。劳动对象的物质变化有各种形态，金属冶炼使矿石产生化学成分的变化，机械加工使工件发生形状的变化，而发电则是将煤或油等的热能转变为电能。劳动对象这种化学的、物理的变化是物质的变化，是冶金、机械、电力等工业的生产特征。此外，还有一种物质的变化，就是劳动对象空间位置的变化。运输业的劳动对象就是如此。运输本是物质生产过程中的有机组成部分，即表现为生产内部运输。生产和分工的发展、商品经济的发展，出现了流通领域中的社会化运输，但它只是在更大的规模上表示着与生产内部运输同样的现象。其实，就其本质来说，是运输的工业部门，如采掘业，天然矿产资源的开采，除了从矿体上分离的作业，基本上是运输活动；采掘工业区别于加工工业的，就是它的本质是运输。与采掘工业比较，运输业则纯粹是实现劳动对象在空间上转移的物质生产部门。

在市场经济条件下，商品价值的实现及使用价值的变换，要求商品实现从生产者到使用者的转移，但商品生产和消费存在地域上的分隔，运输成为实现商品在空间上流通的必要条件，因此有必要将运输归属为生产过程。运输的物质生产特征还表现在以下两个方面。

（1）运输改变商品的使用状态，完成消费的准备

运输使商品的空间位置发生变化，虽不改变其自身的使用价值，却改变了商品的使用状

态，使其由潜在状态进入可消费状态。商品在作为完成产品离开生产过程以后，进入流通过程，一般都需要经过运输，才能变成消费品。

（2）运输业所出售的产品，是人和物在空间场所的变动

运输所产生的效用和其他商品是完全一样的。如果由个人消费，运输产品的价值就和消费一起消失；如果由生产消费，运输产品本身就是处于运输中的商品的一个生产阶段，它的价值就作为追加价值转移到商品中去。这种追加价值的数量等于使商品发生位置改变所需要的劳动量，一部分决定于生产资料的耗费，即转入商品的物化劳动量；另一部分决定于活劳动的消耗量。运输劳动的追加使得商品的生产和消费在空间上的矛盾得以解决，使商品的使用状态进入可消费状态，被消费者以购买的方式予以承认，实现其价值。因此，运输产品也是商品，具有价值和使用价值。

总之，运输业既具有物质生产的共性，又具有区别于一般物质生产的特性。运输业是生产过程在流通领域内的继续，属于物质生产领域。

2. 运输业生产的社会经济性质

运输业的生产活动，同工业、农业等部门一样，都是受社会生产方式制约的。运输业既是社会化大生产的一般条件，又是产业资本的一个重要投资领域。运输业所出售的人与货物场所的变更，也是一种商品。就人的运输而言，运输只是一种服务，这种服务的买者与卖者的关系，和普通商品是一样的。就货物的运输而言，商品的交换价值将视其使用场所变更所需要消耗的劳动量而不同程度地增加，这种物化劳动的转移和活劳动的价值创造过程，与其他商品是一样的。

资本主义生产资料私人占有和生产社会化这个基本矛盾的发展，造成周期性的经济危机，严重地阻碍着社会生产力的发展。从货物运输的情况来看，一方面，由于经济危机的冲击和各种运输方式的激烈竞争，形成运输业的不景气和货运量的不合理分配，迫使各种运输方式畸形发展，不能协调、配合地发挥应有的作用；另一方面，由于日益以远地市场代替当地市场，运输业的规模盲目扩大，超过了社会生产的真实需要，造成用于运输的社会劳动大量浪费，又反过来促成资本主义生产循环的破坏和经济危机的爆发。

社会主义生产资料公有制为主的条件，为各种运输方式组成统一运输网开拓了广阔的道路。我国的各种运输方式从事运输活动的共同目的是通过实现乘客和货物的场所变更，为工农业生产、人民生活和国防建设服务。在国民经济发展计划的统一指导下，各种运输方式分工协作、衔接配合，共同完成国家物资流转的运输任务，从而实现企业之间、部门之间、城乡之间、地区之间的经济联系，把社会的生产、流通、消费贯通在一起，把全国各地区和国民经济各部门联结成为一个有机整体。国民经济的运输需要，推动着运输业的发展；各种运输方式的发展规模和速度、技术装备水平与运输能力储备，以及所完成的运输周转量，又受到国民经济发展水平的制约，并且要求相互间保持恰当的比例关系。

1.2.3 运输业属于第三产业

运输业被列入第三产业，源于三次产业理论。三次产业是第一产业、第二产业、第三产业的总称。第一产业、第二产业两个经济学名词最早出现在20世纪20年代。1935年，新

西兰经济学家阿·费希尔在《安全与进步的冲突》一书中，提出了第三产业的概念。1940年，英国经济统计学家 C. C. 克拉克在《经济进步的条件》一书中发展了费希尔的理论，明确提出了三次产业的划分方法，并通过实证研究，揭示了经济发展同产业结构变化之间的规律，从而开拓了产业结构理论应用性研究的领域。20 世纪 50 年代后期，三次产业分类法便成为世界上通用的一种经济统计分类方法。

1. 运输业属于第三产业

三次产业的分类，实际上是根据产业发展顺序、需求、结构的变化和对自然资源的依赖程度等所作的一种经济统计分类。按照克拉克的分类方法，第一产业以农业为主，包括畜牧业、狩猎业、渔业、林业等；第二产业以制造业为主，包括采矿业；其他各行业为第三产业。关于三次产业的具体划分问题，经济学界仍有不同看法，主要分歧是采掘业属于第一产业还是第二产业；建筑、运输、邮电、煤气、电力、自来水等行业，属于第二产业还是第三产业。例如，对三次产业结构演变规律的研究作出杰出理论贡献而荣获诺贝尔经济学奖的美国经济学家库兹涅茨把运输业列入第二产业。国际上比较流行的分类是，第一产业包括种植业、畜牧业、林业、渔业和狩猎业等；第二产业包括采矿、制造业、煤气、供电、供水等；第三产业包括除第一、第二产业以外的所有行业。

我国《国民经济行业分类和代码》国家标准规定第一产业为农业（包括林业、牧业、渔业等）；第二产业为工业（包括采掘业、制造业、自来水、电力、蒸汽、热水、煤气等）和建筑业；第三产业为除第一、第二产业以外的其他各行业。鉴于第三产业包括的行业多、范围广，根据我国的实际情况又将其分为两大部门：流通部门和服务部门。二者又分为 4 个层次：第一层次为流通部门，包括交通运输业、邮电通信业、商业饮食业及物资供销和仓储业；第二层次是为生产和生活服务的部门，包括金融业、保险业、地质勘察业、房地产业、公用事业、居民服务业、旅游业、咨询信息服务业和各类技术服务业；第三层次是为提高科学文化水平和居民素质服务的部门，包括教育、文化、广播电视、科学研究、卫生、体育和社会福利事业等；第四层次是为社会公共需要服务的部门，包括国家机关、社会团体，以及军队和警察等。这种产业分类，与国际上通行的产业分类大体一致。

按照目前国际上比较流行的和我国采用的产业分类方法，运输业应列入第三产业。

2. 第三产业的服务特性

第三产业又称服务业。按其服务对象分为两大类，即为生产服务的部门和为生活服务的部门。为生产服务的部门包括交通运输、通信、批发商业、金融、保险、不动产业、信息服务、科学研究等部门；为社会生活服务的部门包括文化、教育、卫生保健、饮食业、旅游业、住宅和公用事业、个人服务、社会保障服务等部门。事实上，很多行业都既为生产服务，也为生活服务，是沟通生产与生活的行业。上述划分只是从该行业以哪一方面为主来确定的。第三产业还可按其服务功能来划分，如流通服务、知识服务、信息服务、生活服务等。

与第一产业和第二产业劳动不同，第三产业劳动是服务劳动，其共同特征表现为服务性。经济学上的“服务”又称为“劳务”，是指以劳务活动形式，而不是以实物形式提供某种使用价值以满足人们需要的经济活动过程。

服务劳动的特殊性，主要表现在以下几个方面。

第一，服务业劳动者所提供的劳动不是去制造物质产品，而是通过提供服务直接满足人们的某种需要。

第二，服务同样是使用价值和价值的统一物。服务产品的使用价值同其他任何有形产品一样，是能够满足人们某种需要的，其价值也是由生产服务产品所需劳务支出的社会平均必要劳动时间所决定的。因此，服务与商品相交换或不同种类的服务产品之间的交换，都以商品交换的同一尺度和流通手段为前提，其特殊性表现为劳务活动与货币的交换。

第三，服务业劳动者付出劳动，形成服务产品的过程，在一般情况下与需要者消费这种服务产品的过程同时进行，服务劳动所创造的特殊使用价值和价值，是在消费过程中同时表现出来的。

关于第三产业的服务特性，一种观点认为，劳务分为生产性劳务和非生产性劳务。前者，如运输、邮电通信、修理等部门提供的劳务，能创造价值；后者，如流通领域的金融业、保险业、广告业等提供的劳务，不创造价值，这些行业的劳务收入属于派生性收入。另一种观点认为，第三产业包括5类劳务：① 商品的包装、保管、储存、运输、分发、售后服务及通信等；② 科学研究开发、软件编制、设计规划、信息咨询、经营管理信息服务、法律会计咨询服务、环境保护和生态平衡服务等；③ 饮食、沐浴、理发、洗衣、住宅维护和日用修理、家庭生活咨询服务等；④ 教育、体育、卫生保健、文化娱乐等；⑤ 商业、金融业、保险业、广告业等。各类劳务由于其参与社会再生产过程和促成物质财富或精神财富增进的范围、程度和方式不同，它们的价值体现采取了不同的形式，因而计入国民收入的方式也不同。前3类劳务的价值，由于劳务的使用价值直接同有形商品的生产有关，能够追加或转移到相关商品的价值中去；后2类劳务，虽然有助于社会物质财富和精神财富的增加，但它们的使用价值同有形商品的生产过程的关系没有那么直接和密切，很难从个别有形商品上表现出来，因此它们所形成的价值，应该直接加入到国民收入中去，构成全社会所创造新价值的组成部分。还有一种观点认为，讨论服务劳动性质问题时，必然涉及第三产业问题。第三产业的概念应该是指以提供劳务或服务来满足人们物质消费（生产和生活的）需要为活动目标的行业和经济部门。这样来规定第三产业的内涵，才便于消除西方第三产业概念中存在的种种混淆，在实践中不至于把属于上层建筑的国家机构、司法机构等划入第三产业之中，也可以把它同满足人们精神需要的文化、艺术活动等区别开，才便于同社会生产两大部类的划分和农业、轻工业、重工业的划分结合起来，更有利于人们认识和掌握社会化大生产条件下的整个经济系统的运行过程，研究协调和平衡国民经济的各种比例关系，从而有利于第三产业自身的健康发展。

3. 运输业在第三产业中的作用

在长期的经济发展过程中，三次产业结构的变动呈现阶段性，而其中第三产业自身的发展也呈现阶段性。发达国家第三产业发展经历了初步形成、服务功能增强和广泛发展3个阶段。这3个阶段是伴随着生产力发展、科技进步、服务部门增多及功能增强等相继出现的。而运输业的发展则是第三产业发展的先行行业和重要基础。

在市场经济中，第三产业发挥着基础产业的作用。市场经济是商品经济的高级形态。商品的价值是通过需求与供给的结合来实现的，它的实现形式是交换，不仅包括物质产品的交换，而且包括资金、人才、技术、知识、信息的交换。在所有这些交换中，交通运输业有着特殊的作用。第一、第二产业的生产越是以交换为基础，交通运输对于生产和流通的作用就越是重要。运输在很大程度上决定着商品生产的发展和产品的商品化程度。运输对于商品的流通规模、范围、速度和效益均有重要的影响。运输业的状况，直接决定作为商品生产前提的市场销售条件。运输线路的开辟、运输工具的改善和运输效率的提高，可以极大地拓展市场，增加市场容量，扩大商品销售范围，从而为第一、第二产业生产规模的扩大提供市场基础。交通运输业不仅为第一、第二产业的发展创造条件，而且其自身也是创造国民收入的部门。

1.2.4　运输业为基础设施部门

基础设施是国家为发展生产和保证生活供应创造共同条件及提供公共服务的部门、设施和机构的总称，包括公共设施（电力、通信、自来水、卫生设施，污水排放设施，垃圾收集与处理设施，管道煤气供给设施等）、公共工程（运输设施、为灌溉和泄洪而建设的大坝和运河工程设施等），其中运输设施包括道路、铁路、车站、港口与航道、机场等。

虽然经济学者对基础设施的实质、内容、职能和分类有不尽相同的认识，但是因为运输业具有同一的服务职能和服务的公共性特点，将运输业纳入基础设施部门却是一致的看法，并且把它划为直接为物质生产过程服务的生产性基础设施。

1. 运输基础设施的特点

作为运输业基础设施的道路、铁路、航道、客站、货站、港口、机场等，具有一些不同于其他基础设施的特点。

1）社会公益性

根据经济学原理，基础设施都有不同程度的公益性，运输基础设施也不例外。国家用纳税人缴纳的税费修建的基础设施，其受益者虽然也是社会成员，包括纳税人自己，但受益者和贡献者并不一定一一对应，一个社会成员的贡献与受益并不完全相当。另外，消费者可以免费或低于成本使用部分运输基础设施。还有，运输基础设施会带来沿线土地升值、居民出行方便程度增加、工商企业货物运输成本降低等社会效益。这种现象本身反映了运输基础设施作为全社会使用、全社会拥有的社会公益性质。

2）运输基础设施的级差效益

有些运输基础设施具有级差效益，如公路会因为等级不同，提供相同服务时，产生不同的效益，完成相同的运输工作量，使用高等级公路的效益高于使用一般公路的效益，像不同等级的土地存在级差地租一样。这种效益性质决定了高等级公路的补偿形式可以采用区别于一般公路的补偿形式，具体地说，就是可以对使用者进行“直接买卖交易”，通过交费过路的方式对高等级公路进行价值补偿。目前，我国对高速公路实行过路收费就体现了这种性质。其他运输基础设施也有类似的情形，但公路是比较典型的一种。

3）运输基础设施的商品属性

运输基础设施在本质上是公共产品，但也不同程度地具有一些商品的属性。例如，它有使用价值和价值，有级差效益等，这些都是运输基础设施具有商品属性的表现。因此，世界上一些国家对运输基础设施的建设采取多渠道集资、发行股票、经营权转让等形式进行，或者对其采用收费（类似一般商品的一手交钱一手交货的交换形式）的方式进行。对这些运输基础设施既不能看成纯粹的公共产品或社会公益事业，也不能片面强调它的商品属性，从而简单地以市场竞争机制来运作和规范，以免造成浪费和混乱。

4）运输业作为基础设施部门在经济发展中的先行性

任何地区的经济发展或地区之间的专业分工和商品的交流都是以安全、高效的运输为前提的。经济的发展必然要求先建设运输通道和相关的基础设施，只有具备了高效率的运输体系，才能实现地区的经济发展，才能把国民经济的各个部分连接起来，才能使一个地区的经济融入到更大的经济市场之中。相反，如果一个地区的运输业滞后于经济的发展速度，势必导致对经济发展的制约和干扰，造成浪费，阻碍经济的发展。一个能充分发挥作用、完全满足国民经济不断增长需求的优良交通运输体系，对国民经济和社会发展具有决定性意义。

在经济建设过程中，交通运输业超前发展，是商品经济高度发展和社会化大生产的客观要求，是由商品经济的本质特征所决定的，是社会经济规律的体现。世界各发达国家的经济发展历程表明，在其整个发展经济的过程中，都有一个运输业超前发展的阶段，这条经验被经济学家总结成一个普遍性的经济规律，称为交通运输对国民经济发展的适当超前性规律。

2. 运输基础设施的经济特性

运输基础设施是由运输线路及其附属设备、各种港站及其附属设备构成的网络，这个网络在所覆盖的运输服务区域是一个整体。

1）运输基础设施投资巨大

一般来说，运输设备由两大部分构成，一类是不可移动的基础设施；另一类是可移动的运载设备。它们的数量和质量标志着一个国家的运输业乃至国民经济发展的水平。在国民经济各产业部门中，运输业是投资数量最大的部门，特别是构成运输体系的公路与铁路线路、航道和各种港站，投资额巨大。因此，运输业是典型的资金密集型产业，具有较高的进入壁垒。

2）运输业具有规模经济特性

规模经济是指因生产规模变动而引起的收益变动，在所有生产要素同时增加或减少时，即当整个生产规模变动时，所发生的收益就会出现变动。但是收益的变动往往和生产规模的变动是不同比例的。当规模扩大后，如果收益增加的幅度小于规模扩大的幅度，则称为规模收益递减；如果收益增加的幅度大于规模扩大的幅度，则称为规模收益递增；如果规模增加的幅度与收益增加的幅度相等，则称为规模收益不变。规模收益不变是从规模收益递增转化为规模收益递减之间的过渡阶段所发生的一种状态，通常不能持久。

由于运输基础设施具有投资大、能力大、使用时间长等特点，一旦投产，往往在一定时期内可以不投资或少量投资就能大幅度提高供给能力。因此，在一般情况下都具有较高程度的规模收益递增的规律。以高速公路为例，如果将日通行 10 000 车次的四车道高速公路规模扩大 50%，达到六车道时，日均通行能力可以增加 150%，达到 25 000 车次。其他运输基础设施，如飞机场、港口、客货站场等都有相似的规律。掌握运输基础设施的规模经济规律，对于运输规划、运输建设项目的可行性论证，以及其他运输问题研究都有重要的意义。

3）运输业具有范围经济特性

范围经济的含义是与分别生产每一种运输产品相比，共同生产多种运输产品的平均成本可以更低。运输网络覆盖区域广、服务网点多，可以为社会提供满足不同需要的服务产品，存在明显的范围经济。

由于运输产品的特殊性，运输行业的规模经济与范围经济无法分开。

4）运输基础设施具有网络经济特性

网络经济是指运输网络由于其规模经济和范围经济的共同作用，运输产出扩大引起平均运输成本下降的现象。具体表现为：① 运输线路长度和服务网点数量不变的情况下，运输产出扩大会引起平均运输成本下降；② 网络上的运输密度不变的情况下，随着运输网络幅员（运输线路长度和服务网点数量）增加，运输产出扩大会引起平均运输成本下降。

运输网络是一个整体，具有不可分割性。对于公路、铁路和航道等运输线路而言，其建设一次至少要求在两个社会经济活动中心之间全线完成。运输基础设施具有不可分割性，无论是线路还是港站，其地面及其以上的设施与其所占土地之间也是不能分割的。例如，铁路线路上的信号、钢轨、轨枕、路基与所占土地密不可分。在形成的运输产品价值中，既包括线路设施的价值，又包括所占用土地的价值。运输设施在使用中不能按里程或按区域分割，其整体性一旦被破坏，便不能为社会提供完整的运输产品。

运输基础设施在建设和使用上有很强的网络经济特性；① 一条线路的平均成本会随着运输密度增加而不断下降；② 单个运载工具的载运量增加会使单位产品的平均成本下降；③ 运载工具规模扩大会使平均成本下降；④ 港站能力扩大会使平均成本下降。

5）运输基础设施具有沉没成本特性

沉没成本是指由于过去的决策发生的而现在或将来的决策无法改变的成本。运输基础设施建成后，如果废弃就会产生很大的经济损失。

6）运输基础设施具有自然垄断特性

运输业与一般物质生产企业的区别在于，物质生产企业可在同一地点设立两个互相竞争的项目，而铁路在相同到发点间修建平行线路或在同一地点建设两个车站，会因重复建设造成资源浪费，甚至客观条件根本就不允许这样做。港口、机场、公路建设也是如此。这就造成了运输基础设施的垄断，这种垄断是客观条件造成的。

综上所述，运输业具有社会属性，而运输生产活动则具有自然属性，它需要使用各种设施、设备，需要有制造和使用这些设施和设备的科学技术，还需要有对这些设施和设备及运输生产过程进行管理的技术。运输业具有的社会属性和运输生产活动的自然属性间存在矛盾，这种矛盾增加了对运输活动进行经济分析的复杂性。

1.3 铁路运输经济学研究的前提

研究铁路运输经济问题，需要考虑自然资源分布、人口分布、生产力布局、铁路网布局、铁路机车车辆类型与配置、铁路运输组织技术等因素。铁路运输服务于社会经济，自然资源分布、人口分布、生产力布局决定了铁路运输需求的分布，进而决定铁路网在空间上的布局及设备配置。当各种铁路设备配置一定时，部分铁路运输成本便已确定。因此，对铁路运输经济问题的研究是在自然资源分布、人口分布、生产力布局基本确定的条件下，研究如何进行铁路设备空间布局及其合理配置、合理使用的问题。

1.3.1 自然资源分布

对铁路运输影响较大的自然资源是土地（包括地质、地理、气候等自然条件）、矿产。土地条件决定着人口的分布，影响旅客运输需求的空间分布。矿产资源分布与生产力布局一起决定着各种矿产品运输的距离、走向和每条运输路径上的流量。这些因素影响着铁路网在空间上的分布及每条线路的设备配置和使用效率，从而影响铁路系统的成本与效益。

我国幅员辽阔，自然资源分布不均衡，带来大量的人和货物在空间上的长距离运输需求。为满足这些需求，铁路网的布局需要和运输需求的空间分布相适应，并合理配置每条线路的运输能力。某条铁路的运输能力由线路的能力、沿途车站的能力、机车车辆的能力组成，配置线路运输能力既要根据需求的大小，又要综合考虑铁路线路、车站、机车车辆的配套，使其形成的线路能力与需求相适应，尽可能地降低建设与运营成本。

1.3.2 人口分布

我国人口众多，旅客运输在铁路运输中占有较大比例。铁路在中长途旅客运输及大需求量短途旅客运输中具有不可替代的作用。

人口在空间上的分布与生产力布局一起决定着客流在空间上的分布，也在一定程度上决定着铁路网的布局。因此，对铁路的建设成本、运营成本具有很大的影响。

人口分布除地域上的不均衡外，还有城乡比例问题。由于铁路运输的技术经济特性，满足相同数量的旅客运输需求时，城市尤其是大城市人口集中，运输成本较低；农村人口分散，运输成本较高。

1.3.3 生产力布局

生产力布局尤其是工业布局对货物运输需求的影响很大。一方面，工业生产的原材料需要从产地运往生产地，这部分运量由生产力布局和自然资源分布共同决定。另一方面，工业产品需要运往消费地，其中一部分与工业生产有关，其空间分布与生产力布局相关；另一部分与生活有关，其空间分布与人口分布相关。

为满足工业生产的运输服务需要，铁路网布局应与生产力布局带来的运输需求的空间分布相对应。

工业行业门类众多，产品种类更多，需要的原材料种类、数量各不相同，产品产量及其去向也各不相同，不同品类的原材料和产品需要的运输设备、运输条件又不一样，满足这样结构复杂的运输需求，铁路部门需要配备不同的运输设备，采用不同的运输组织方法。这些在一定程度上决定着铁路货物运输的成本。

因此，生产力布局及产业结构是研究铁路运输经济分析的一个重要前提条件，研究其变化是铁路运输经济研究的一个重要方面。

我国地域辽阔、人口众多，土地资源分布和人口分布不对称，农业生产资料、农副产品的运输是铁路运量的重要组成部分。人口分布、农业生产资料产地分布、以农产品为原材料的加工工业布局等因素共同影响铁路货物运输需求的空间分布。

1.3.4 铁路网空间布局

铁路网的空间布局对铁路建设成本影响巨大，并对铁路系统的运营成本产生长远的较大影响。与铁路建设成本有关的还有沿线地理、地质条件，而沿线条件是由路网布局决定的。

影响铁路网空间布局的因素除上述自然资源分布、人口分布、生产力布局等产生的运输需求分布外，还有社会因素，如各地区的社会经济平衡发展问题、国防安全问题、自然灾害防治问题等。

1.3.5 铁路机车车辆类型与配置

在铁路网规模、布局及运输需求结构与分布一定的条件下，铁路机车车辆的类型与配置是影响铁路运输生产成本的一个重要方面。不同类型、不同型号的铁路机车，在完成相同运输工作量的情况下，其产生的成本效益是不一样的。不同用途、不同型号的车辆，其使用效果也不相同。

铁路机车车辆既要与铁路网上不同线路的技术等级、技术条件相配套，又要与各线路沿线的运输需求相适应。一条线路的机车车辆类型与配置一旦确定，会在较长的时间内对该线路的运输经济效果产生影响。

1.3.6 铁路运输组织技术

当上述因素确定后，影响铁路运输经济效果的最后一个因素是铁路运输组织技术。

在其他条件不变的情况下，不同的运输组织方案产生的运输效果是相同的，但其生产流程、成本却是不同的。决定运输组织方案优劣的是运输组织技术，包括运输组织人员的综合素质。

1.4 运输经济学研究的内容

1.4.1 运输经济学研究的对象

运输经济学是经济学的一个分支，是以经济学的理论和方法，探讨与运输有关的各种问题的一门学科。它是一门交叉科学，属于社会科学的范畴。

运输经济学用经济学的理论与方法，研究如何有效地在运输和其他经济活动之间分配资源，以及如何有效地利用已经分配于运输部门的资源。也可以说，运输经济学研究特定的范围，即与运输有关的经济问题。

运输经济学研究的对象，是运输产业的基本理论、运输经济规律、运输需求与供给，以及体现上述理论、规律和供求的基本原则、制度和具体方法。

运输经济规律包括两方面内容：① 一般经济规律在运输业中的表现和作用；② 运输业本身特有的经济规律。研究经济规律，不仅是从生产关系和上层建筑的角度去研究，而且要结合运输部门的生产力去研究生产关系，重点是研究运输生产力的合理组织，从形成运输生产力的诸要素，从宏观经济环境对运输业的相互作用，从运输总需求和运输总供给的内在联系，去探索和揭示运输部门内在的客观经济规律。上述基本理论和运输经济规律构成本学科的基本理论框架。运输需求和供给是本学科研究的基本内容之一。

运输经济学研究运输生产力与生产关系的矛盾和运输需求与供给的矛盾，是经济科学大系统中的一个子系统，一个分支学科。由于它的研究领域是整个运输部门，研究的对象是该部门的基本理论、经济规律和运输供求，从这个角度来看，这门科学是一门中观经济学，属于实用经济学的范畴。由于运输经济学还要研究具体的政策、宏观管理原则、管理体制、价格、成本、效益及其具体方法，不仅需要研究运输经济活动的定性方面，而且还要结合运输生产的技术方面及其数量方面来揭示经济活动的内在规律性，因此，必然要运用技术、数学等自然科学知识，所以它还具有微观经济学的性质，并兼有社会科学和自然科学互相渗透的交叉科学特征。

在社会主义市场经济条件下，运输经济学不仅要联系运输业的性质和特点，从运输市场、运输企业和政府（包括运输主管部门）宏观调控层面，分别研究其地位、作用和运行方式，以及对运输资源配置产生的影响和效果，揭示其发展变化的规律性和运输业作为一个整体与社会经济发展的相互关系；还要探索运输企业如何有效地利用运输资源，使有限的运输资源得到较合理的配置和利用，在当前运输供给有限的情况下，保证最大限度地满足社会生产和人民生活的需要，同时使企业获得尽可能大的经济效益。

1.4.2 运输经济学研究的内容

1. 经济运行模式的特点

运输经济学研究的内容，由运输经济学的体系结构决定。运输经济学的学科体系是按照经济运行的模式构建的，这一模式具有以下特点。

1）企业是国民经济的基本组成部分

企业是独立自主、自负盈亏、充满生机和活力的市场主体，构成市场经济的微观基础。企业以经济效益最大化为基本目标，按照市场经济规律和市场规则参与市场的经济活动，以实现资源的微观优化配置。

2）市场是经济主体从事经济活动的舞台

市场机制是经济调节的基本机制，也是一种竞争机制。在竞争的条件下，价格信号将引导企业行为，企业为了自身利益就必须对价格信号作出灵敏反应，积极而迅速地调整自己的生产经营活动，调整其资源配置，以便将其投入到能获取最大经济利益的地方去。企业在完成这种调整的过程中，客观上也调整了社会资源流向，使其得到合理配置。

3）政府是市场的管理者和宏观经济调节者

政府作为社会总体利益的代表，是市场的管理者和宏观经济的调节者。行政协调机制主要用于弥补市场机制的失灵，通过间接调控手段，纠正微观市场主体配置资源的不足或空缺，最终实现资源的优化配置。

2. 本书的研究内容

运输业是国民经济中的基础产业，运输业的运行也遵从市场经济运行的一般规律。根据这种认识，本书包括以下 3 部分内容。

1）基本概念

明确运输的含义是研究运输问题从而进一步研究运输经济问题的一个前提条件。运输业的性质是分析运输经济问题的一个基本出发点，运输业的生产特点从不同侧面影响着对运输经济问题的分析。介绍这些基本概念是第 1 章的内容；为了便于理解，本章还包括运输经济学科发展的历史。

2）铁路运输与国民经济发展的关系

铁路运输是运输业的重要组成部分。运输业是为整个社会、经济系统服务的行业。因此，只有社会、经济对运输业产生了需求，才有运输供给和运输经营，才有协调运输部门与国民经济的关系以及运输业内部关系的问题。研究铁路运输需求与供给，需要探讨铁路运输与国民经济发展的关系、铁路运输需求特征及其影响因素、铁路运输供给的特点及规律。这是第 2 ～ 4 章的内容。

3）铁路运输成本效益分析

要满足运输需求就必然有运输供给、运输经营。运输经营涉及运输活动的成本、价格、收益等问题。这是从运输企业角度出发所考虑的问题，是运输经济学研究的最重要的内容，包括运输成本构成及其计算、运输价格的制定、运输企业经济效益的分析等。这是第5～8章的内容。

1.4.3 铁路运输经济学的相关学科

与铁路运输经济有关的学科，可分为经济学、运输地理学、铁路运输规划学、运输工程学、铁路运输组织学和经营管理学等领域，这些领域之间相互联系和交叉。

铁路运输经济学为其他相关学科提供必要的经济理论基础。在开展运输地理研究、进行运输规划、从事运输工程设计和施工，以及运输企业经营管理中，都需要运用运输经济学的理论和方法对相应的方案进行评价和可行性研究，以作为决策的依据。

1.4.4 运输经济学的形成与发展

运输经济理论的研究，可追溯到18世纪后期。1776年，亚当·斯密在《国民财富的性质和原因的研究》中论述了运输（主要是帆船和马车运输）对社会分工、对外贸易、促进城市和地区繁荣等方面所起的重要作用和政府在运输设施方面的开支等问题。铁路出现以后，更多的学者参加了对运输经济问题的讨论。19世纪20年代，李斯特把运输作为国民生产力的一个因素进行研究，从振兴资本主义工商业的角度，提出了重视交通研究的国民生产力理论。

1844年，杜比特发表了以费用效益观点研究运输投资和运价问题的《论公共工程的效用》，被后人认为是第一篇运输经济学专论。文章论证了如何评价桥梁工程或其他公用事业的经济收益和效用问题，首次提出边际概念，在经济学的边际主义研究中具有重要地位。

1850年，伦敦大学教授D. 拉德那出版了《铁路经济》一书，讨论了运输进步的历史及其影响，以及铁路的各种运营管理和成本、运费、利润等问题，还讨论了铁路与国家的关系。

19世纪50年代，马克思在他的经济学研究中提出了大量非常宝贵的运输经济思想。在运输业的性质方面，马克思明确指出，运输属于物质生产性活动，他认为货物运输与纯粹流通性的商业活动不同，是生产过程在流通过程内的继续，物质生产的内容包括使物质发生空间位置变化的运输。因此，运输业是除开采业、农业和加工制造业以外的“第四个物质生产领域”，是特殊的生产和流通部门。

马克思从多方面论述了运输革命给社会经济带来的影响，包括为工业运来较远地方的廉价原料；不断为工商业开拓远方市场，运输业的发展加强了地区间的联系，拓宽了商品流通的范围；使商品产地和销地的位置和距离发生相对变化，改变资源的配置；加速了人口和资本的集中，促进了城市的发展；运输业的发展需要物质基础，这些物质基础的不断消耗构成了对工业生产的巨大需求，刺激着工业生产的发展，铁路等现代运输业带动了其他许多工业的发展；运输业加速瓦解了各国小生产的分工方式，促使资本主义经济体系全面形成，同时也激化了资本主义的经济和社会矛盾。

在运输价值和运输费用方面，马克思认为，运输工人的劳动创造新价值，和其他商品的交换价值一样，都是由其消耗的生产要素（劳动力和生产资料）的价值加上运输工人的剩余劳动所创造的剩余价值决定的。运输追加的价值量，与运输业的生产力成反比，与运输距离、货物的体积、重量和易损坏程度成正比。

1878 年，奥地利经济学家 E. 萨克斯出版了《国民经济中的运输工具》一书，采用理论分析的方法，把边际效用学说引入运输经济学，着重讨论一般的运输政策、运输业运营活动的经营。他的思想对运输经济学的学科形成起到很大作用，在其后一段时期内，运输经济理论的主要内容沿着政策论和经营论这两个方面发展，直到后来经营论中的运输财务、会计、统计等内容因学科的分化与发展而逐一分离出去，形成相互独立的应用经济学科。

运输经济学的理论体系初步形成于 20 世纪 30 年代。1935 年，美国经济学家 D. P. 洛克林出版了《运输经济学》一书，标志着运输经济学成为一门独立的学科。这一时期的运输经济学除进一步完善传统的经济学说，研究运输经济中的供求、成本和价格理论之外，现代交通体系和运输政策、运输经济中的宏观理论、投资经济效益也成为重点研究的内容，而公路、航空和海运科学的研究和运筹学、系统科学的发展，为运输经济学的深化、发展和系统化提供了条件，同时也为壮大自身的理论体系奠定了基础。

第二次世界大战以前，汽车运输在欧美国家向铁路运输提出挑战，其他运输方式也得到迅速发展，这种变化自然反映到运输经济学中。1940 年，E. 约翰逊等人出版了《交通运输：经济原理与实践》，开始全面讨论包括铁路、水路、公路、航空和管道各种运输方式的运输经济问题，包括它们之间的竞争与协作。

第二次世界大战以后，各种运输方式的发展、变化和经济学在宏观、微观理论方面的进步，吸引了较多经济学家逐渐加入运输经济研究。

20 世纪 60 年代以后，西方国家各种运输规划方面的研究和运输对环境影响的研究，吸引了很多工程专家参加工作，运输经济学在投资和成本效益分析方面取得了较快进展。这期间，由于世界银行在运输方面的贷款项目，发展中国家遇到的交通运输问题也引起了经济学家的注意，他们着重研究运输与经济发展的关系。进入 20 世纪 70 年代以后，世界经济在能源、环境等方面的危机提出了新的运输经济课题，同时西方国家的运输业管理政策也发生了很大变化，对这些问题的探讨逐渐反映在运输经济著作中。

20 世纪 70 年代中期，诺贝尔经济学奖获得者 T. C. 库普曼斯在“稀缺资源的最佳配置”理论中提出的运输计划最优模式，进一步丰富了运输经济学。

20 世纪 80 年代以后，新技术革命继续发展，发达国家的高技术产业发展已经成熟，世界性的产业结构调整基本完成，世界从工业社会发展到信息社会。现代交通和通信技术成为信息社会的重要标志，成为现代社会生产的 5 种动态物质：物质流、人流、信息流、资金流、技术流的重要组成部分的载体。因此，运输经济理论越来越多地同新兴学科的发展交织在一起，交叉学科的特点更加突出，向着横向综合化方向发展。

部分西方经济学者认为，运输经济学的理论基础是福利经济学。他们认为，运输业是提供公共产品的行业，在相当长一段时间内，公路、江河、运河等都是政府兴建或是自然界所提供，使用者不必付费，运输基本上属于外部经济，存在外在性，其理论有待于基础理论的发展。

复习思考题

1. 运输经济学研究的对象是什么?
2. 如何理解运输业的性质?
3. 运输产品的特点是什么?
4. 运输生产特点对运输活动经济分析有哪些影响?

第2章

铁路运输与国民经济发展

【思政目标】

学习党的二十大坚持人民主体地位的精神，了解铁路运输对国民经济的影响；学习党的二十大的发展精神，探究铁路运输与国民经济协调发展现状。

【内容概要】

从历史角度看，铁路运输的产生是社会进步的产物，铁路运输的发展与世界经济的发展是相互影响、相互促进的。运输与经济活动和国民经济有着密切的联系，运输对资源配置和投资决策都产生影响，从而深刻地影响着我国国民经济的结构。铁路运输对区域经济的发展产生影响，区域经济又对人口分布发生作用，因此，铁路运输直接或间接地影响着我国的人口分布情况。要使有限的运输资源得到最有效的利用，促进国民经济持续协调地发展，产出更多的社会财富，这需要铁路运输与国民经济的协调发展。

【学习重点与难点】

学习重点：铁路运输在国民经济发展中的作用、铁路运输与国民经济结构、铁路运输与人口分布，以及铁路运输与国民经济协调发展。

学习难点：铁路运输与国民经济之间的协调发展。

2.1 铁路运输在国民经济发展中的作用

铁路是国民经济和社会发展的重要基础产业部门，被称为国民经济的“大动脉”。铁路作为国家重要基础设施和大众化的运输工具，是大能力、长运距的运输干线，是人与货物位移的大通道，是中长途客货运输的主导方式，是国民经济正常运行的重要运输保障，对人类的文明进步、经济发展具有重要的推动和支撑作用。铁路运输业作为国民经济的基础产业，是经济建设的先导产业，与国民经济的发展密切相关。铁路运输是经济活动的基础，是经济发展的“先行官”，在我国经济社会发展中具有重要作用。近年来，随着国民经济持续快速发展，工业化、市场化、城镇化进程加快，全社会运输需求总量持续增长，人民生活水平不断提高，经济结构优化升级，旅客和货主对运输快捷舒适、经济便利、安全正点等方面的质量要求不断增强，经济社会可持续发展对建立资源节约型、环境友好型现代化铁路运输体系的要求越来越高。

铁路运输的发展会对经济的发展起到引导和促进作用，经济的稳定发展也会对铁路运输的发展提供有力的保障，因此铁路运输的发展与经济的发展是息息相关的。完善的铁路运输系统是实现资源合理配置、促进分工和专业化协作的必要条件。各国和众多国际组织已经深刻认识到铁路运输对经济发展的重要作用。世界银行 2002 年发展报告明确指出，运输是发展的关键。如果人们的工作、教育、医疗，以及其他娱乐活动缺乏便利的运输支持，就很难谈得上高品质的生活；同样，若资源在市场之间缺乏便利的运输联系，则经济的快速增长和减少贫穷将成为一句空话。然而，如果铁路运输发展政策与方案制订不当，不仅难以达到其设想的作用，反而会对铁路运输网络及服务产生大量的负面效应，如引致贫穷加剧、环境质量恶化、市场供需失衡，以及政府财政负担过重等不良后果。

2.1.1　铁路运输的影响与发展

1. 铁路运输业对经济发展的影响

铁路是现代经济增长和起飞的开端，铁路运输业也极大地推动了社会经济的进步。在人类社会的漫长历史中，铁路运输业经历了不同的发展阶段，在这些发展阶段中，其所提供的人与货物在空间上移动的能力，在数量、规模、质量和效率等方面有很大差别。运输方式和运输能力是与社会生产方式一致的，与社会生产力的发展水平相适应。随着铁路运输的发展，人与货物的流动性随之增加，带动了资金的流动、信息的流通、文化的传播、知识的增长，促进了地域之间、民族之间的融合和理解，有利于社会进步、人类和平。对于一个国家来说，所能提供的人和货物在空间上移动的能力，是衡量这个国家经济实力、文明水平的重要标准之一。

2. 铁路运输的发展

铁路是国家的重要基础产业，铁路运输是综合交通运输体系的骨干。我国铁路建设已经有上百年的历史，在每个特定的历史阶段对经济的发展都起着极其重要的作用。近年来，随着改革开放的深化和经济产业结构的调整，交通运输企业焕发出前所未有的活力，各种运输方式发展迅猛，高速铁路的快速发展为我国的经济发展注入了新的活力。

新中国成立之前，铁路对中国经济的发展就起到很大的推动作用。随着铁路的建设，生产煤、铁、水泥、轻工业品等企业得到了发展，在加强输入帝国主义资本的同时，民族资本和官僚资本也得到了一定程度的发展。

新中国成立以来，铁路发展已经明显不适应国家发展的要求。生产力发展巨大，经济高速增长，必然要求有更强大的运输业作保证。吸收国外有益的经验，迅速发展我国铁路和其他运输方式具有重要意义。由此，我国不断加快铁路建设进程，提升基础设施建设强度，平均每年修建铁路达 5 575 km。中国铁路经过 70 年的建设和改造，截至 2020 年年底，全国铁路营业里程达 14. 63 万 km，扩大了 6. 6 倍。其中，1950 年，东部铁路营业里程 18 630 km，占全国铁路营业里程的 84%，铁路网密度为 68 km/万 km^2；而西部只有营业铁路 3 531 km，占全国铁路营业里程的 16%，铁路网密度为 5. 1 km/万 km^2，为东部铁路网密度的 1/13。截至 2020 年年底，全国铁路路网密度 152. 3 km/万 km^2，较上年增加 6. 8 km/万 km^2，同比增长 4. 67%。铁路运输在拉动地区经济发展的同时，更促进了区域间的交融互通，推动区域协同发展。

近十几年，我国铁路经济呈现出较快较好的发展态势。“十三五”期间，全国铁路固定资产投资完成约 4 万亿元，比“十二五”多完成 0.41 亿元；新线投产 2.44 万 km，其中高铁占 66.2%，四纵四横高铁网提前建成，八纵八横高铁网加密成形。最近几年，我国铁路尤其是高速铁路的发展有目共睹，铁路经济对国民经济的“贡献”也充分体现出铁路作为“国民经济大动脉”的重要地位。例如，2020 年铁路完成的煤炭运量占原煤总产量的 60.51%，占铁路总运量的 51.4%；铁路石油运量占原油总产量的 39.5%，占铁路总运量的 3%；此外，近几年来我国高速铁路营业里程平均每年增加约 2 855.4 km，占铁路营业里程比重不断增加，其客运量占总客运量的比重已由 2008 年的 5% 升至 2020 年的 22.79%，高速铁路建设进程持续加快。发展高速铁路是我国铁路经济发展的方向，是促进国民经济增长的重要手段，也是使我国铁路运输朝着国际化发展的重要砝码，发展高速铁路已经成为一种世界浪潮。

2.1.2 铁路运输与经济发展的关系

1. 从历史的角度考察铁路运输

运输扩大了市场范围，促进了分工和工业化的实现。发展经济学认为，发展的内在机制是必须广义分工，首先是使企业内部分工合理化，其次是社会分工合理化。工业、农业、铁路运输业、商业、城镇等都是社会分工的产物。每个地区都可以扬长避短，发挥自身的优势，生产那些适合本地区特点的产品。

劳动分工受市场范围的限制。从宏观的角度理解，市场范围可以被定义为交换成本的倒数，而交换成本主要由运输成本、交易成本等构成。交换成本越低，市场范围就越大。市场范围决定了经济活动的时间和空间限度，决定了劳动分工的专业化程度。运输成本是交换成本的重要组成部分，运输的发展、运输成本的降低是市场范围扩大的直接诱因。从历史的发展考察，运输成本的大幅度降低是铁路在技术和组织上创新之后开始取得的，因此，现代市场范围的扩张是从铁路运输的出现开始的。市场范围的扩大，促进了分工和专业化程度的提高，推动了经济的发展。

工业化是指工业在整个国民经济的产业结构中占主导地位，成为整个产业结构的核心。工业化起始于工业革命，工业革命是现代经济发展的里程碑。现代铁路运输及其发展不仅激发了工业革命，而且伴随了工业化的全过程。一个国家运输体系的规模和运输效率在很大程度上决定了该国社会经济在工业化过程中可以获得收益的多少。

2. 从产业史的角度考察

运输无论是在今日的社会化大生产，还是在古代自然经济条件下的小生产，都是不可替代的生产要素，现代运输已随着生产形态的发展进化成一种产业，并存在于社会诸多产业之中。

我国是一个发展中国家，铁路运输作为重要的基础产业，对经济和社会的发展起着显著的先导性作用。铁路运输为工农业生产、国防建设和人们的生活提供了最基本的条件。伴随着社会的进步和经济的高速发展，社会经济的各部门对运输的需求越来越高。因此，铁路运输业是社会经济各部门正常运转、协调发展的前提，是现代社会大生产高效率的前提，也是社会再生产得以延续和不断发展的前提。

如果一个国家或地区铁路运输业的发展不能满足经济发展的需要，就会对经济的增长产生消极作用，而经济的缓慢增长又使资金紧张，对运输的投资减少，最终会影响铁路运输业的发展；反之，如果一个国家或地区具备良好的运输基础设施，必将支持和刺激国民经济的发展，而国民经济的发展又会反作用于铁路运输业，即增加对铁路运输业的投资。因此，铁路运输与国民经济之间构成了相互制约、相互促进的关系。

3. 从供求关系的角度考察

运输与国民经济是“交替推拉”关系。韩彪在《交通运输发展理论》中提出了铁路运输业与国民经济之间的“交替推拉”关系假说。韩彪认为，运输方式发展的过程可分为两类本质不同的时期——渐变期和剧变期，它们交替出现和存在。当出现一种新的运输方式时便会引起一次“剧变期”，每两次“剧变期”之间的时期是“渐变期”。在渐变期，运输技术没有重大突破，只是一个量的积累；在剧变期，新的运输方式具有旺盛的生命力，能迅速带动经济的发展，节约大量的社会资源，降低生产成本，同时产生与新的运输方式发展密切的新兴工业，并成为国民经济的带头或支柱产业，带动整个社会经济的进步。

从运输业结构的角度划分，运输业可分为两个时期：构成运输业的运输方式没有更新的时期和新的运输方式出现或原有运输方式根本性创新的时期。在没有新的运输方式出现时，社会经济对铁路运输的需求可以通过对原有运输系统的改造来满足。在这一时期，如果运输业发展与经济发展相适应，运输则会支持经济的增长；如果运输发展滞后于经济发展，运输就会阻碍经济的发展，成为经济发展的瓶颈。随着经济的发展，经济对运输也会提出新的需求，仅仅通过对原有运输方式的挖潜已经不能适应经济发展的要求。新运输方式的出现和发展，会导致新兴产业的发展和壮大，推动经济的发展。在这一时期，运输业对经济发展的作用比较明显，不仅支持经济的增长还会刺激经济的发展。由于运输业的发展是这两个时期交替变换的结果，因此运输与国民经济的关系呈现出“交替推拉”的关系。

铁路运输系统是社会经济系统中的一个子系统，是一个具有一定特殊性的子系统。铁路运输市场和运输系统中的需求与供给有一些特殊的规律。对铁路运输需求与供给的分析，揭示了铁路运输系统内部、铁路运输系统与社会经济大系统间的相互作用和影响机制，这是铁路运输系统分析的经济学基础。

4. 从经济地理的角度考察

运输是影响城市和经济布局形成及城镇分布的最重要因素。铁路运输对于不同产业布局的影响程度，关键取决于运输费用在该产业的商品成本中所占的比重，比重越高，其产业布局受铁路运输的影响就越大。

建立市场经济，要充分发挥市场机制在资源配置中的作用，通过资源的优化配置，达到提高经济效益和发展国民经济的目的。铁路运输对自然资源的配置具有非常大的影响，在运输工具落后的前工业化时代，运输工具虽然有了较大的发展，但由于各地区运输系统进步的速度不一，造成各地资源配置水平的差异，影响了资源的利用。从工业布局的厂址选择看，加工工业位置的选择是否具有经济性，主要分析其原材料产地和消费区的经济性，这综合体现在总的运费消耗上。特别是在一些生产规模大、运输量大的企业选址时，一定要充分考虑其在运输费用上的经济性，分析所处地区铁路运输的现状和发展前景。

分布均衡、通畅的铁路运输网是发展国民经济的必要前提，远离运输干线的地区难以成为市场经济高度发达的地区。铁路运输除对工业资源配置和利用具有制约作用以外，对农业生产也有影响，只有改善运输条件，才能使农副产品摆脱自给自足状态，提高农产品的商品化水平，最终促进农业的稳定发展。同时，它对劳动力资源的配置和使用也具有较大影响。

从我国各地区发展的情况看，凡是发展迅速的地区，铁路运输都比较发达。凡是铁路、公路密度明显超过全国平均水平的地区，经济发展水平都较高；凡低于全国水平的，经济发展水平一般也较低。大多数地区的发展速度和水平与该地区铁路运输的增长速度和水平是正相关关系。

2.1.3 铁路运输在国民经济发展中的作用表现形式

从宏观角度来看，铁路运输业的国民经济贡献作用的表现形式分为社会效益和经济效益。

1. 铁路运输的社会效益

铁路运输业作为公共基础产业，在我国宏观经济运行中起着重要作用，其产生的社会效益也相对广泛。铁路运输业的社会效益主要体现在影响区域经济布局，使中心城市集散功能得以强化；调整生产力布局，促进产业结构优化升级；保障国家重要物资和人员输送，为人民出行提供便利条件；促进铁路沿线原有城镇发展和新城镇形成，加快城市化建设步伐；为社会提供大量就业岗位，保持社会和经济稳定发展等方面。

尽管铁路运输业带来了广泛的社会效益，其产生的负面效应也是值得重视的。首先，铁路建设所带来的极化效应和扩散效应能够形成铁路沿线经济带，缩短城市之间的空间距离，使资源、资金、人才流向生产效率高的产业和地区，尽管资源得到最佳利用，但是对于发达地区和落后地区而言，这种不等价的交换使得落后地区的利益受到损害，区域之间发展不平衡会相对增大，不利于社会和谐和社会公平的建立。其次，铁路建设会占用大量的土地资源，对山区的土地环境、生态环境会产生不利影响，对野生动物和原始森林的保护也会产生影响。最后，铁路运输会消耗大量能源，一方面不利于资源的节约；另一方面其排出的二氧化硫等有害气体会对大气环境造成污染。

任何一种产业都存在负面效应，铁路运输业也不例外，但是随着经济的进步，技术水平的提高，管理意识的加强，这些负面效应会大大减小。总之，相对于铁路运输业所产生的巨大社会效益而言，其负面效应是在可以接受的范围内。

2. 铁路运输的经济效益

铁路运输业除有多方面的社会效益外，还存在巨大的经济效益。铁路运输业的经济效益，一方面表现在其建设营运中直接创造的国民经济产值上；另一方面表现在因铁路运输业发展而带动的其他相关产业的经济效益总和上。

铁路运输业的直接经济效益主要是铁路运营过程中所创造的价值，包括铁路货运收入、铁路客运收入、劳动者报酬、生产税净额、固定资产折旧等。铁路运输业的间接经济效益，主要包括因产业关联效应产生的前向波及作用和后向波及作用，以及消费乘数效应等。

铁路运输业的前向波及作用主要是由于生产部门之间产品需求所引起的。各部门之间的生产活动都是相互关联的，而铁路运输业的下游产业链中，很多部门的生产活动都需要铁路运输业提供的服务作为中间投入才能正常运作。铁路运输业为这些产业部门的生存和发展创造了良好条件，下游产业发展良好势必会拉动铁路运输的需求服务，反过来又为铁路运输业的发展添加了动力，引起经济的良性循环发展。

铁路运输业的后向波及作用主要体现在对能源、铁矿石、钢材、电气设备、木材等的需求和消耗。铁路建设中的新建、扩建、改建、迁建，以及后期的设备维修、线路维护等都需要对上游产业产生需求。上游产业的产品作为铁路建设的原材料投入生产，生产完工后，铁路运输业因国民经济的良好形势而迅速扩张，因而又会产生新的需求，这种需求又会促进上游产业扩大再生产，而扩大再生产进入良性循环阶段会带来产业的增值，从而创造经济效益。

铁路运输业的消费乘数效应主要体现在上下游产业因铁路运输所产生的需求和提供的服务而扩大生产规模，得到经济效益，良好的经济效益会使部门收入增加，员工工资上涨，如果物价保持稳定，则根据乘数理论，收入的增加必定会刺激国内需求的增长，从而促使国民经济相关部门扩大再生产，进一步提高社会收入水平。这种由消费需求所导致的经济循环，以及由此创造的经济效益就是消费乘数效应。

2.2 铁路运输与国民经济

2.2.1 运输与经济

1. 运输与经济活动的关系

运输作为实现人流和物流在空间距离上位移的主体，是人类生活中与衣食住行密切联系的、不可或缺的内容。运输的不断发展是社会发展的基础条件，运输既要满足社会经济发展的要求，又可以促进社会经济发展。

1）消费、生产活动与运输

人们的消费、生产活动与运输构成了复杂的社会系统，所有的消费物资均通过某种形式的运输服务才可以被利用。运输对经济主体（企业、消费者）的消费和生产活动的作用体现在很多方面。例如，人们的日常出行往往需要借助各种运输工具；通过货运系统将农产品从产地运至销地，以进行正常的经济活动。因此可以说，运输渗透到了经济主体日常生活的方方面面。

2）区域、国民经济与运输

从区域经济和国民经济的角度，将运输分为区域或都市圈运输和城际间运输来阐述。

（1）区域或都市圈运输

在区域或都市圈内，有 3 种重要的运输目的，即通勤（上下班）、业务和物流运输。为了确保各种运输顺利进行，需要建立由集中运输方式组合的综合运输体系。构建合理的综合运输体系和制定运输政策来缓解运输系统的压力，引导运输出行者选择合理的运输方式。

（2）城际运输

针对城际运输，也有 3 种重要的运输目的，即自由、业务和物流运输，并由公路、水路、铁路、航空和管道运输方式的综合运输网络承担。随着市场经济的发展，竞争日益激烈，各种运输方式所承担的运输量发生着变化，所占的市场份额也发生着变化，与此同时，由公路、铁路、管道和水路运输方式形成的多式联运网络正在逐步形成。

2. 运输对国民经济的影响

1）促进生产地区的分工

任何地区的经济发展、地区分工、运输流都以安全、高效的运输体系为前提，都是先建设运输道路和相关的基础设施。只有具备了高效的运输体系，才能使地区开发和国民经济各个基地连接起来，才能使一个国家的国民经济加入区域和全球范围的商品交换与信息交流，使运输生产成本低廉的优势的影响范围得到扩大，从而使生产地区的分工影响生产的布局。

2）促进生产规模和产业结构的改变

在经济与铁路运输业的相互关系中，考察和分析经济与铁路运输的历史发展，可以看出经济结构、产业结构和产品结构的变化，直接影响运输体系的发展变化。生产结构、产品结构的变化，对运输业提出了迅速、方便、安全等侧重于运输质量的更高要求，客运方面提出了高速、安全、舒适、方便的高要求。随着运输业蓬勃的发展，运输的规模和结构发生了很大变化，这种规律性的变化是经济结构、产业结构、产品结构和生产力布局变化的反映，也是运输体系与人民生活条件等逐步发展与完善的结果。

3）促进土地利用价值的改变

土地利用类型的改变，总是在人口增长、资金流动、社会经济状况等外界驱动力的作用下，通过运输条件、地理条件、土地利用状况等内在因素来实现的。运输设施对土地利用变化的社会背景影响较深，主要表现在以下两个方面。

① 运输基础设施本身的土地非农业利用化，以及所带来的用地变化。运输线路是地区间联系的纽带和通道，铁路运输活动可以激活各种生产领域和商品交换领域的发展。运输活动直接推动了地区经济的发展，促使人们的文化观念、生活方式等发生变化。

② 由于运输项目带来的人口集中和社会经济发展，对农副产品的需求发生变化，从而导致土地利用的变化。首先，从总体上改善区域的运输条件，将会使结点处或交叉处的社会经济环境得到极大改善，该区域的城市化进程加快，成为结点周边地区的人口和资金的汇集地。其次，以房地产为代表的第三产业将得到优先发展，城镇建设用地迅速增加，城镇用地板块数、板块平均面积也明显增加，表现出城镇用地沿线分布和在结点处空间集中化的特征。由于城镇化的进程加快，人口将大量集中于这些结点所在地，加大了对菜、果、鱼、肉等副食品的需求。在市场经济规律的作用下，单位土地面积的收益差距明显增大，将导致结点所在地周边地区的土地利用向高受益、集约化程度更高的土地利用方式转化；农田向果园

和养殖基地转化；林地向农田果园转化。农田的斑块将表现出不断碎化的趋势，而林地和果园总体上则呈现空间集中化的特征。农业用地由效益低的类型向效益高的类型转化。

4）促进与铁路运输相关的工业部门发展

运输基础设施的发展及铁路运输业结构的改变，带来的最大冲击是促进运输工具的改革与发展，从而带动铁路运输相关部门经济的发展。运输基础设施的建设，不仅改善了运输条件，缓解了运能紧张的状况，而且带来了投资环境的改善、产业结构的调整、沿线资源的开发，促进了沿线区域经济带的形成。

2.2.2 铁路运输与国民经济结构

铁路作为一种非常重要的运输工具，在我国国民经济体系中起着重要的、不可替代的纽带和动脉作用。铁路运输能够提高区域经济的发展，改善沿线地区的投资环境，加速农业产业化的发展，带动第三产业的发展进而促进产业结构的调整，同时对我国城镇化的发展起到重要作用。

1. 改善沿线地区的对外联系条件

铁路的建设将改变沿线地区运输闭塞、可达性差的状况，打开其对外交往和联系的通道，使沿线地区运输区位条件发生改善，使其在大区域中的战略地位得到提高。随着运输干线的建设，沿线地区的运输条件大大改善，与之配套的公路、水路的运输设施建设将不断完善，原有铁路运输设施等级将得到提高，新的铁路运输设施将得以兴建，区域路网系统得到加强和完善，运输干线的建设也将促进沿线城镇基础设施建设的发展。

地区的经济状况在很大程度上取决于经济地理环境，这种地理因素影响着该地区在宏观经济中的地位和作用，区位条件好的地点一般会优先发展，因此改善地区区位条件对区域发展有很重要的作用。铁路线路的贯通，在一定程度上改变了地区运输和经济可达性，从而提高了地区经济地理地位，使得区位条件得到改善。由于铁路线路的四通八达，使得铁路沿线地区与外界交流变得方便可行，联系得到加强，可通达地区变广，运输的空间距离缩短、耗时减小，成本也相应降低。

铁路线路的开通给企业的发展也带来新景象，企业对原材料的需求，对产品的运输都需要利用便利的铁路条件。原材料及时运送到生产加工地，对于新产品的开发具有很重要的时效性；产品的及时上市对于提高竞争优势、增加利润也相当重要。企业的成长必定会影响铁路沿线经济的发展，给经济发展带来新动力。

除可达性方面的优势外，铁路线路对沿线经济的拉动作用还表现在促进沿线地区自然资源的合理开发利用。铁路干线的通车营运，会对沿线地区农林牧渔资源、矿产资源，以及旅游资源的合理利用向广度和深度发展，生产要素布局会在更大区域范围内优化重组。从铁路发展的历史可以看出，铁路的建设是适应资源开发的需要，特别是有利于社会工业建设的矿产资源的开发。

从国际上看，世界各国主要铁路所覆盖的地区大多是资源密集型地区，如西伯利亚铁路沿线资源尤为丰富，包含了石油、铁矿石及煤炭资源；我国的陇海沿线有煤炭、有色金属、电力等资源，除此以外，还有京广、京沪、贵昆等铁路沿线都是矿产资源丰富的地区。这些铁路的贯通，对资源的开发利用，对社会重工业的发展都有重大的推进作用。在资源开发利用方面，铁路的影响较大、表现较为明显的属农业。铁路的贯通，一方面，使得铁路沿线土地开发发生了变化，由于有了商机，土地价值和土地利用的方式发生了变化，土地的利用得到调整与再分配。铁路枢纽站点的土地会向工商用地方向转变，靠近铁路的农用土地会改变其传统的经营方式，转向经济作物或养殖业、饲养业等方向。另一方面，铁路的贯通能够促进农业生产结构升级，对农产品的商品化发展起到促进作用。铁路沿线传统的粮食作物在商品化驱动下逐步向水产、棉花、花生等经济作物转型，且生产向集中化、产业化、规模化发展。由地区特色所决定的部分区域，如内蒙古会以畜牧业为主，牛羊等牲畜的发展会间接带动小麦、玉米等作为饲料作物的发展。

铁路除对沿线农业有较大影响外，还对旅游业有带动作用。由于自然条件因素，旅游资源分布并不均衡，没有便利的交通条件，旅游资源难以得到社会的了解与认同。铁路的开通，对旅游业来说既带来了运输的可达性，同时还带来了人流。随着铁路客运周转量的增大，旅游收入和人数也随之增加，两者表现出很强的相关性。

2. 促进沿线资源开发和产业结构转变

铁路运输干线的开通，改善资源的对外运销条件，使沿线资源合理开发利用成为可能。随之而来的是外界市场打开，商品经济发展。各种农业产品生产日益商品化、规模化，将促进农业的产业化进程。运输干线建成以后，旅客的旅行时间缩短，旅游费用降低，将诱发大量客流。随着旅客人次的增加，将对沿线的旅游业、商业、服务业等第三产业的发展带来益处，促进第三产业的发展。

产业结构的影响因素主要有 3 个方面：首先是需求结构，包括中间需求及最终需求、个人消费结构、消费和投资比例、投资结构等因素；其次是供给结构，主要是劳动力和资本的拥有情况，相对价格指数等；最后是地区间贸易，贸易的发展情况、流向等因素。

铁路运输业对产业结构的优化作用首先表现在需求结构上。需求结构本质上是市场参与者对各产业产品或服务的需求能力及比例。经济活动中的供给和需求是一对矛盾的两个方面，生产满足经济需求，需求又同时促进生产，需求结构的变动必然会引起生产结构的变动。铁路运输业在生产活动中，需要的建设、运营、维护要素对其他市场经济活动参与方都有需求，这种需求对于煤炭、石油、钢铁、金属矿石、建材等产业都有促进作用，随着相关产业的发展，必定会产生资本和劳动力的流动，产业结构也随之改变。

除影响需求结构外，铁路运输业对产业结构的影响还体现在调整供给结构方面。供给结构是资源拥有量的表现形式，这些资源包括自然资源、劳动力、资金和技术要素。

自然资源对商业贸易、重工业等产业的形成及发展有很大影响，每个地区的自然资源都是相对稳定的，铁路运输业对自然资源的调整主要体现在资源的运输配送方面，使产业的发展尽量避免受到资源因素的困扰。对于劳动力而言，影响产业结构的主要是劳动力的质和量两个方面。在质上，表现形式是劳动者素质的高低，劳动者素质越高，对于信息化产品及高科技产业的推动作用越明显，反之亦然；在量上，主要是指劳动者的数量，数量因素对于劳动密集型产业的影响很大，劳动者越多，越容易开展纺织、机械加工等产业。铁路的修建、运营需要大量的劳动力，同时对于区域吸引人才有重要的影响，人才的引进对于第三产业的发展有很强的促进作用。同时铁路运输业带来了大量流动人口，人口增加对服务业的需求也相应增加，进一步促进了第三产业的发展，对产业结构升级有积极的推动作用。从资金方面来看，对产业结构的影响主要体现在资金的供给量水平及资金供给结构上。发展资本密集型的产业需要大量的资金注入，而资本密集型产业属于工业化、现代化的发展方向，对居民收入的增加有实质性的作用，是产业结构高级化的助推剂。铁路运输业的建设需要国家投入大量的资金，且资金的使用属于基础设施建设方面，在资金结构上属于第三产业范畴，因此铁路运输业对区域产业结构的调整有促进作用。技术条件和资本在很大程度上是相似的，技术结构对产业结构的调整也起着很重要的作用。新工艺、新技术的出现会带来新产业的兴起，并淘汰落后产业和技术，直接导致产业结构向上游发展。目前，我国铁路运输业发展迅猛，高速客运专线等的建设需要许多技术支持，技术的需求使得相关产业得到发展，并带动产业结构调整。

地区贸易对产业结构的优化升级也具有积极的作用。贸易的发展是经济联系的纽带，维系经济的贸易会带来商品的交换，资金、技术、劳动力等生产要素的流动。地区之间的贸易会产生产业联系，本地区的产业结构与其他地区的需求结构相辅相成、互相促进。由贸易引起的生产要素的流通会改变地区间的供求关系，使资本、技术和劳动力向生产效率高的产业地区转移，从而直接影响该地区的产业结构。我国铁路网纵横交错，承担了大量人员、货物和商品的运输，铁路网的发展提高了地区间生产力的流通，增加了区间贸易的关联度，对优化产业结构具有直接的意义。

3. 引导产业与人口向沿线城镇集聚

随着铁路运输干线的建成，将逐步在沿线形成若干运输枢纽和城镇，使原有城镇地位得到巩固和加强。由于区位和运输条件的变化，沿线地区的产业和人口将向这些枢纽城镇逐步集聚，促使其经济实力逐步壮大，在沿线形成一些新的增长性城镇，加快沿线地区工业化和城市化进程。

城镇首先形成于沿河地带，因其有便利的水路运输条件及良好的水产资源。随着经济的发展，科技的进步，交通条件的改善，产业带开始向陆路转移，并形成陆上城市。在陆路运输中，铁路运输又占据着重要的地位，它与公路运输一起组成城镇发展的最重要条件。

铁路干线建设完工后，为了最大限度地利用线路资源条件，充分发挥铁路干线对货物和旅客的集散功能，必然会在沿线城市或地段建立相应的车站及必要的服务设施，用以满足货物和旅客对运输的需求；沿线城市车站建设的规模、性质和分布密度对城市的发展有重要的影响，线路的客货流量及流向对城镇的形成和发展有促进作用。铁路运输业对城镇形成的作用主要表现在以下几个方面。

1）铁路运输业对城镇形成的影响

铁路的建设会导致部分沿线地区成为铁路枢纽城市，这是铁路建设的直接产物，如我国的郑州、徐州和武汉等地。铁路枢纽城市在国家发展中占据重要地位，发挥重要作用，并直接导致城镇的形成。蚌埠、鹰潭等地在铁路修建前，或者是小渔村，或者是农村；铁路修建完成后，由于铁路的集散作用，这些地点慢慢发展成为城镇和城市。这些充分表明了铁路枢纽对城镇形成的推动作用，即便是该地区没有充足的自然资源条件或足够的经济基础优势，由于铁路枢纽的作用，也能够通过广泛的外界贸易，得到发展所需要的各种生产要素，并形成产业，建立区位优势，继而由需求转为供给并得到发展。

2）铁路建设对沿线原有城市发展的促进

铁路建设完工后，对沿线原有城市的发展有促进作用，并能对周围的地区产生影响，促使城镇在大城市周边形成。铁路沿线原有城市一般拥有良好的资源和经济条件，并能够在自身经济系统下良好发展，铁路的开通对原有城市的发展而言是锦上添花，不仅能够促使城市与外界进行更频繁的贸易，提升城市竞争力，而且能够扩大城市实力，使其向外围扩张。这种扩张效应会使资源和人才向周边地区转移，促使周边地区出现支柱产业并形成城镇。

3）铁路促进人口向沿线城镇集聚

拥有良好的运输条件会促使区域进行自然资源的采掘和开发利用，生产的过程中必定会需要劳动力及相应的服务设施，从而导致人口的聚集，劳动力的增加会促进地区物资、能量及信息的交换，形成经济活动的集聚点，并会导致城镇的形成。

4）铁路建设促进区域间产业向城镇转移

铁路在城市化的过程中扮演着重要的角色，能够促进城市集聚及城市体系的完善。铁路的建设拉近了区域之间的距离，使具有区位优势的大城市的相关资源和劳动密集型产业转向中小城市的可行性加大。经过产业的转移，大城市的发展空间更为广阔，小城镇则为劳动密集型产业提供发展的场地，两类区域得到共同发展。

4. 铁路运输对国民经济结构的影响

国民经济是指一个现代国家范围内各社会生产部门、流通部门和其他经济部门所构成的互相联系的总体。工业、农业、建筑业、运输业、邮电业、商业、对外贸易、服务业、城市公用事业等，都是国民经济的组成部分。随着生产社会化的发展，国民经济各部分之间的联系越来越密切。国民经济结构是指一个国家国民经济中各个领域、各个部门、各个地区和各种经济成分之间的对比关系和结合状况。

我国的实际情况和铁路自身的特点和优势，决定了铁路运输在国民经济中的重要地位和作用，铁路运输的发展为国民经济的迅猛发展提供了有利条件。铁路运输是我国客货运输的主要方式，以其运量大、速度快、能耗小、成本低、安全可靠、对环境污染小、能全天候运输的优势，使我国集中于华北、东北和西部地区的煤炭、矿藏、森林等资源向工农业和人口密集的东部沿海地区发生空间转移，使得各种自然资源更好地运用于生产实践，加速了生产原材料和产成品的流通速度，密切了各地区间的合作配合，加快了工业、农业等相关产业的发展，使国民经济总量大幅增长。铁路运输的发展影响国民经济中各个领域、各个部门和各种经济成分的相互关系与结合状况，从而深刻地影响国民经济结构，使我国的经济结构更加合理，更加有利于经济增长。

2.3 铁路运输与人口分布

2.3.1 人口分布概述

据国家统计局数据显示，在2010年第六次全国人口普查前的一段时期，中国人口的地理分布发生了深刻变化，出现了东部和西部地区高增长、中部地区“空心化”趋势。而近年来，随着区域协同发展的推进，除部分地区外，东西部地区整体人口变化逐渐趋于平缓。从总量上看，广东省自2006年超越山东省和河南省成为全国常住人口第一大省后，保持着持续增长的趋势，并逐步拉大与其他省区市的差距。更值得注意的是，近10年人口变化的地区差异显著，东部沿海省市，常住人口在经历急速增长后逐渐放缓增长速度；西部少数民族聚居地区，人口保持稳定增长。但与此同时，中西部的大部分省区市，人口增长缓慢。中国人口增长最快的地区，主要是东部沿海省市和西部少数民族聚居地区；在中西部地区的安徽、贵州、四川、湖北4个省的人口在出现短期负增长之后稳步回升。人口外流是导致中部人口“空心化”的主要原因，但区域协同的有序推进很大程度上缩小了地区间的差距，抑制了“空心化”的进一步扩大与加深。铁路运输凭借其在综合运输体系中的重要地位，在区域人口迁移中起到了关键的作用，从而深刻地影响着我国人口的分布情况。

1. 人口分布的相关概念

1）人口分布

广义的人口分布是指人口过程在空间上的表示形式，或者说人口现象在时间与空间上的差异性。人口过程或人口现象都是含义很广的概念。以人口过程来说，它包括人口的自然变动过程、机械变动过程和社会变动过程。变动过程，一方面从时间上强调了人口现象的过程；另一方面从地域分布的角度突出了人口过程的空间表现形式。所以，人口的再生产、自然结构、社会结构、城乡结构和迁移活动等方面的空间表现形式及其历史变动统统囊括在广义的人口分布的概念中。狭义的人口分布是人口分布的传统概念，即指人口数量的空间分布及其制约因素和居民点的分布形式等。

在对人口分布的研究中，人口的空间分布数据是其重要手段之一。通常采用的有人口的静态分布数据和人口的动态分布数据。人口的静态分布数据是指在特定的地区范围内，一定时点上人口的数量和聚集状况；人口的动态分布数据是指人口在特定的地区范围内，某一段时间内人口数量和聚集的变化情况。人口的静态分布既是人口动态分布的结果，又是动态分布所不可或缺的起点和终点的数据。度量人口的空间分布的目的并不是简单了解该空间拥有的人口数量，更重要的是人口和其所在空间的关系。

2）人口迁移

所谓“人口迁移”（population migration），是人口移动的一种形式，是指人口分布在空间位置上的变动。即人口在两个地区之间的地理流动或空间流动，这种流动通常会涉及永久性居住由迁出地到迁入地的变化，这种迁移被称为永久性迁移，它不同于其他形式的、不涉及永久性居住地变化的人口迁移。

20 世纪 80 年代中期以来，我国的人口迁移日趋活跃，其特点主要表现为由西部迁往东部、由农村迁往城市，自发迁徙量大。从流动方向上看，主要是从农村到城市，从内地省、自治区到沿海城市和工矿地区。这一时期的人口流动是自发性的，其目的主要是务工和经商。同时，因学习、培训和分配工作的迁移人数也逐步增多。在这一时期变化较大的还有一点是原来有些人口迁移的净迁出地区，开始变为净迁入地区。中国的迁移流大多从经济落后地区指向发达地区，并且邻近省份的短距离迁移流比重较大。从“六普”迁移数据可以看出，中国人口迁移进入高活性、高能力的新阶段，东中西部人口迁移的不平衡性不断加剧，并形成了珠三角、长三角、环渤海和西部边缘区四大辐合流场，以及湖南、安徽、江西、河南等辐散流场。

人口迁移中经济原因是主要的，如为摆脱贫困和失业、改善生活或为发财致富、谋求事业成功等。人口迁移的直接后果表现在对迁出、迁入地区人口数量、性别和年龄构成的不同影响。一般移民中男性多于女性，年轻人多于儿童和老人。从间接的经济和社会后果看，迁出地人口压力减轻，可能得到移民汇款收入，但劳动力减少，特别是具有熟练技能与高文化水平的劳动力迁出，使迁出地的抚养、教育费用受到很大损失。对迁入地区，由于人口和劳动力增加，经济上有利，但也可能带来民族矛盾或其他社会问题。

2. 影响人口分布的主要因素

人口分布的现状是人类利用自然、发展生产和繁衍后代的结果。人类在适应自然、改造自然和利用自然的过程中不断改变着生产布局，逐渐地拓宽并改变了人口的分布。人口的分布是在社会、经济、自然、历史等多种因素影响下形成的，这些因素通过影响人口再生产和迁移，不断塑造着人口分布的面貌，这些因素都是相互联系、相互制约的，在一定的历史范畴内发生作用。

1）自然因素

自然因素即指自然环境条件。自然环境对人口分布影响分为直接影响和间接影响两个方面。明显限制人口分布的因素，或者称为直接影响人口分布的因素，主要表现在恶劣的自然环境严重地影响人口定居；明显促进人口聚集的因素，主要是指自然环境优越，利于人们的开发和利用，对于人口具有较大的吸引力。上述优越的自然环境对人口分布的影响与明显限制人口分布的严酷自然因素相比，前者是通过开发利用优越的自然条件，以发展生产、促进人口的聚集，因此可以说其对人口分布的影响是间接性的。

2）经济因素

生产力的发展水平和生产力的分布决定着人口的分布。自然环境只为人口的分布提供一些可能条件，只有人类通过自身的劳动与自然条件的结合，发展了生产力，才能影响人口的分布。生产力的发展水平决定了供养人口自身生存和繁衍的物质生活资料，也决定了供养人口必需的物质生产资料；生产力的发展水平反映在产业部门的结构上，不同的产业部门结构对人口的分布有很大影响。生产布局在地域上的延伸或变化，也必然引起人口的再分布。

3）历史、政治因素

人口地理分布在一定程度上受开发历史的影响，而开发历史又与自然环境的优劣相联系。在世界范围内，历史悠久的地区，人口长时间持续增长，人口密度比较高；反之开发历史较短的地区，人口就比较少，人口密度比较小。

引导人口有序迁移和合理分布，切实加强流动人口管理和服务，制定引导人口合理流动、有序迁移的政策，积极稳妥推进城镇化，统筹协调好人口分布与经济布局、国土利用的关系，把流动人口管理和服务纳入流入地经济社会发展总体规划之中，为人口流动迁移创造良好的政策和制度环境。

3. 经济与人口分布

人口空间分布与经济发展之间的作用是相互的。一方面，地区经济发展的不平衡推动了人口空间分布的变化；另一方面，人口空间分布的差异又反作用于经济发展。因此，经济发展水平是人口分布特征形成和变化的原因，人口空间分布的变化又反作用于经济发展。

1）人口分布对经济发展的影响

人口作为经济系统的主体，不仅受自然资源、资本等自然和经济要素的制约，而且亦对经济的发展具有重大作用。一定数量和密度的人口是经济发展的必要条件，但是人口密度过高、增长过快，也会影响经济的积累和消费，不利于经济的发展和人口福利水平的提高。具体来说，人口对经济发展的影响主要表现在3个方面：① 作为生产者，大规模的人口意味着大规模的劳动力；② 作为消费者，人口是一种潜在的需求源泉，大规模人口是构成大规模消费市场的必要条件；③ 人口是传播信息和技术的重要媒体。

2）经济发展水平对人口空间分布的影响

首先，经济发展水平直接影响人口空间分布。“推拉”理论认为，同时存在一推一拉两种力量共同决定人口的迁移。前者是推动人口迁出居住地的力量；后者是吸引人口流入的力量。人口的迁移是劳动者对更好的收入水平的回应，经济发展是吸引人口迁入的重要力量。其次，资源、环境、人口规模、国家政策等因素，通过制约城市、经济发展规模和速度间接影响人口空间分布格局。

3）区域经济与人口分布

系统即为由相互作用和相互依赖的若干组成部分结合而成的具有确定功能的有机整体。区域人口与经济是区域人口经济系统的主要组成部分，若干个区域人口经济系统相互结合可构成高一级的国家人口经济系统。人口是区域人口经济系统的主体，区域的自然资源、资本等自然和经济要素对人口分布产生影响。区域自然资源、资本、劳动力等生产力要素的结合所生产的产品量，区域间贸易、区域内部分配、储蓄、再投资等因素，特别是区域福利和消费水平等可能引发人口迁移，影响人口分布。人口分布对区域经济发展产生的作用表现在以下方面：作为生产者，大规模人口意味着大规模的劳动力；大规模劳动力，在一定意义上可以保证生产的扩大和对资源的深度开发，而且还可以构成发展多样化经济的基础；作为消费者，人口是一种潜在的需求源泉，大规模的人口是构成大规模市场的必要条件；人口是传播信息和技术的重要媒体。

对于每一个区域来说，在一定的生产力和消费水平条件下，作为生产者和消费者的人口，要与自然资源、资本等自然和经济要素保持协调或平衡，这样才能保证区域经济的可持续发展，不断提高区域人口的福利和消费水平。

2.3.2 铁路运输对人口分布的影响

铁路运输无论是在使生产要素合理配置、生产多样化、扩大贸易、发展电力、促进城市化和解决人口增长问题方面，还是在减轻贫困和改善环境条件方面，都有重要作用。铁路运输的发展，相对缩小了地区之间的距离，减少了妨碍人口迁移的各种困难，促进了人口的迁移。近几个世纪以来，人类越来越大规模、大范围、大跨度的迁移就与此有关。铁路运输通过对区域经济的促进作用，促使产业结构的调整，带动周边城镇化的发展，对人力资源的吸引有着重要的作用，从而影响到我国人口的分布。

1. 铁路运输与人口流动

随着资金流、货物流、服务流、人流、技术流、信息流的增长及空间的拓宽，人们对客运的要求越来越高。我国铁路为了更好地满足人们出行的要求，不断提高现有主干铁路的等级和技术指标，提高铁路运行速度和质量，同时新建了若干条具有跨世纪意义的重点铁路，如青藏铁路、兰青铁路、青新铁路、西成铁路、西张铁路、滇藏铁路等。这些铁路的修建，打开了我国西部不发达地区（如青藏高原地区）与我国内陆的通路，对西部不发达地区及其沿线地区的经济社会进步有十分重要的作用，同时也加快了相关地区的人口流通，为人口迁移提供了便利条件。改革开放以来，农村人口迁入城镇的“农转非”，务工经商的“下海潮”和“打工潮”已成为我国人口迁移的主要倾向，这些人口迁移缓慢并且深刻地改变着我国的人口分布。

改革开放以来，我国城乡收入差距拉大，农村内部压力加大，土地资源逐步减少，乡镇企业对劳动力的吸纳能力降低，农村剩余劳动力增多。在高等教育扩招等原因的影响下，我国农村人口以不断扩大的趋势向城市流动，为缩小我国的城乡差距，以及加速工业化、城镇化进程作出了重要贡献。农村人口向城市流动的实质是社会流动，社会流动的实质是社会成员社会位置的变更，表现为人们在不同的行业、地区和单位间的流动，实质上是社会结构的变动，在这个过程中伴随着人口分布的深刻变革。

铁路运输以其运费低、运量大的优势为农村人口迁入城镇提供了便利条件，随着铁路运输的不断发展和铁路网的不断完善，更多、更大范围的农民选择铁路作为外出务工、求学的主要运输方式。铁路运输能力不断增强，铁路运输的通达性不断增强，能够在空间上把国土连成一体。铁路运输的发展促进了全国区域经济的协调发展，铁路运输以其技术经济优势，对沿线区域社会经济发展起着较大的推动作用，并对社会的经济发展和人口分布情况具有深远的影响。铁路运行速度的加快，能更快地使欠发达地区与经济中心的联系更为紧密，促进沿线欠发达地区的城市化进程。

首先，诱发更大规模的人口流动，便捷的运输对人口流动的推动是毋庸置疑的。例如，改革开放以来，随着我国运输网络的发展，大批量的“民工潮”从农村涌进城市，使大部分生活在农村的人口转移到城镇。铁路运输的发展和铁路运输网络的完善，除吸引一部分其他运输方式的客流外，还能诱发一定量的新客流，从而带来更大规模的人口流动。

其次，促使商品、服务的流动。作为客运体系的一部分，铁路运输本身并不能转移商品和贸易，但是它可以通过转移其他运输方式的运输压力，释放其他运输方式，让其他运输方式更多地参与到商品流动中去。通道经济带中汇集着众多商业企业，它们依托通道运输进行商品流通，实现各种各样的供需关系，同时也带来更多的就业机会。这样，将会有更多的非城市人口进入城市工作，使城市人口逐渐增多。

再次，促进城市不断扩大，铁路运输的快速性能够缩短城市之间的出行距离，从而使城市之间联系更为紧密。当通道经济带中大城市的发展趋于饱和时，由于铁路运输的快捷性，将出现围绕在大城市周围的卫星城镇，使大城市的面积不断扩大。

最后，有助于减小城市间的经济发展差异。城市之间往往由于历史、地理、政治等原因发展不均衡，全国性铁路网或跨区铁路可以使不同地区的核心城市连接更加紧密，从而促进经济交流、产业扩散，以及人员和技术的交流，为城市的发展作出贡献。

2. 铁路运输与春运

春运是中国在农历春节前后发生的一种大规模的高运输压力的运输现象，春运期间客流量非常大。“春运”被誉为人类历史上规模最大的、周期性的人口大迁移。

春运并非铁路运输业的常规，更不是一项不可改变的制度，而是在现行制度安排下不得已而为之，是从劳动力自由流动到人口自由迁徙的过渡阶段。自改革开放以来，中国政府开始鼓励自主就业，并且对人员流动的限制也开始松动，因此有非常多的人从经济欠发达地区到经济较发达地区就业，造成了人力的大量流动。劳动力的流动是市场经济中激励结构的重要组成部分，对劳动力连续不断地再配置是经济效率的本质所在。

由于铁路具有经济、安全、便利、舒适、准时等特点，因此春运期间中长途旅客多以火车作为出行的首选方式，铁路在春运中发挥着重要作用。

2.4　铁路运输与国民经济的协调发展

铁路运输是人类社会生产、经济、生活中一个不可缺少的重要环节。铁路运输业是国民经济发展的重要环节，它在整个社会机制中起着纽带作用。铁路运输既是衔接生产和消费的一个重要环节，又是保证人们在政治、经济、文化、军事等方面联系交往的手段，在现代社会的各个方面（包括经济、社会公益、宏观调控和国防等）都起着十分重要的作用。铁路是国家重要的基础设施、国民经济的大动脉，综合运输体系的骨干，在全面建设社会主义现代化国家的进程中肩负着重要的历史使命。铁路的建设要促进经济社会又好又快发展，适应保障国防建设的需要。

中国铁路营运里程约占世界铁路的 6%，却完成了世界铁路 25% 的运量，旅客周转量、货物发送量、换算周转量和运输密度等多项指标稳居世界前列；尤其在近年来国家大力发展的高速铁路上，2022 年高速铁路运营里程数已达 4.2 万 km，占世界高速铁路运营总里程的 60%左右，居世界之首。这是一个了不起的成就，同时也折射出中国铁路面临着十分严峻的局面。尽管自改革开放以来，我国铁路运输业得到了巨大发展，但是铁路运输仍然处于供给不足的状况，与我国经济地理格局和经济发展的适应度还较低，不能有效地满足我国社会经济快速发展的需要。从铁路运输需求和发展规模分析，我国铁路还必须有一个较大程度的发展和提高。从建设符合我国国情的综合运输体系的总体目标出发，今后20年要进一步加快铁路的发展速度，才能适应国家发展的需要。

2.4.1 铁路运输对经济的影响

1. 经济功能

铁路运输是经济的直接产出和价值创造部门。铁路运输的物质属性和产业属性决定了铁路运输是经济中的一个重要生产和价值创造部门。铁路运输直接参与社会经济的生产过程，通过提供产品的运输和服务创造价值，直接促进经济增长。

铁路运输是其他产业发展不可或缺的经济活动部门。铁路运输的物质属性和产业属性决定了铁路运输的发展必须与其他产业的发展紧密结合在一起，才能完成其提供的产品和服务的供给活动。从铁路运输提供的产品属性来看，几乎所有的经济活动流程都离不开对运输的需求，完全脱离运输的产业部门并不存在。因此，铁路运输实际上是其他产业部门的延续，与其他产业的发展是紧密联系在一起的。这也从另一个侧面揭示出，铁路运输实际上贯穿了经济活动的所有内容及其发生、发展和变化的全过程。

铁路运输与其他产业的前后相关联程度非常高。铁路运输的产业属性决定了铁路运输作为一个产业存在的时候，必然要与区域内的其他产业发生联系。这种联系，一方面，通过社会属性表现出来，体现在铁路运输对其他产业的需求总量和需求结构的影响上，如运输工具的生产、线路等规定设施的制造等；另一方面，则体现在铁路运输对其他产业的服务和配套支持上，通过提供多层次的运输服务支撑并影响其他产业的发展水平。

铁路运输对经济活动的影响具有时滞性和差异性。铁路运输属于资本密集型行业，建设周期长，导致铁路运输的发展对经济活动的影响是长期的；地域性特征决定了铁路运输对经济活动的影响具有很大的差异性，影响的大小因铁路运输的方式选择、规模及具体位置而有所不同。

2. 社会公益功能

运输设施的受益者或贡献者并不一定一一对应，一个普通的社会成员，其贡献与受益也并不完全相当。这种现象本身体现了运输基础设施作为全社会使用、全社会拥有的社会公益特性。衣食住行反映的是人类的基本需求，而行的满足是由包括铁路运输在内的综合运输体系来完成的。铁路运输发展的历史其实就是人类经济活动的历史，同时也是人类科技进步的记录。

3. 宏观调控功能

随着铁路运输业的发展，提高了运输业的科技含量，降低了物流的运输成本；同时，使得各地区的资源能够到达铁路沿线的各个区域，有助于实现满足供需平衡，从而起到稳定市场物价等作用。

4. 国防功能

新中国成立以来，铁路作为国家的经济命脉，不但肩负着客货运输的艰巨任务，还具有特殊的光荣使命，那就是随时为国防战略做好第一准备。20 世纪 50 年代的抗美援朝，如果没有铁路，中国人民志愿军就不可能雄赳赳、气昂昂地快速进入朝鲜作战。

虽然现在航空运输已经很发达，但在气候和敌方空中军事威胁的影响下，需要采用安全隐蔽可靠的运输方式，一般都是选择铁路。铁路可以大批量地实现物资和人员的远距离位移，这是航空和公路所不能替代的。

2.4.2 社会经济对铁路运输的影响

1. 社会经济发展影响铁路运输的规模

铁路运输是为了满足需求而存在的一个产业部门，是在需求规模的不断扩大中发展的。任何时期，社会经济的发展所产生的对人、物空间位移的需求，正是运输业存在和发展的市场。从历史发展的角度看，资本主义国家在经济发展加速时期才出现运输业发展的高潮阶段。因此，社会经济发展对运输的需求规模始终是运输业发展规模的一个最基本的界限。

2. 运输业的发展依赖于社会经济发展的实力

发达国家先进的运输系统使发展中国家的运输系统相形见绌，人们常在对比中把发达国家的人均道路、车辆数等指标作为追求的目标，但是先进的运输系统不是凭空而来的，它需要技术、资金和人力，而这都需要经济的发展为其提供条件。铁路运输业毕竟是一个需要大量资金才能发展的产业。运输业的历史十分悠久，但机械运输是和技术革命相伴随而产生的。蒸汽机车的发明推动了铁路运输的发展；汽车制造技术的出现，使人背马驮的时代成为历史；航空技术的出现，使运输工具能以极快的速度跨越山川河流等自然障碍。如今，高速铁路、高速公路和现代化的指挥控制系统的出现，无不与技术日新月异的更新有关。因此，运输使社会经济发展，社会经济也使运输业发展，但在寻求运输业发展时，不可忘记社会经济发展在技术装备、资金等方面的制约，片面超越发展的条件是不科学的。

3. 生产力布局影响铁路运输布局

在发展运输业的过程中，离不开运输线路的合理布局，如运输线路的分布、运输企业的选址等，都被当作运输布局的重要内容。这种行为本身就反映了生产力布局对运输布局的制约和影响。在规划一条新的线路时，总要想到如何把城市与城市连接起来，把生产地与资源供应地、消费铁路运输与社会经济间的相互影响连接起来，同时用各种方法研究其能否有足够的货流和客流，或者根据线路的位置确定线路的等级。经济越发达的地带，线路网络就越稠如蛛丝。就一定时期的生产力布局状况来看，铁路运输布局是社会经济、历史、自然条件综合形成的产物，决定了人和物的流量、流向和流距。因此，发展运输业时，必然将其的决定作用加以充分的研究。

4. 能源工业的发展对铁路运输的影响

在所有制约铁路运输发展的因素中，能源工业可谓首当其冲。新能源的出现，对运输动力的更替发挥着革命性的作用。煤炭开采之前，运输只能借用木筏、畜力之类，从蒸汽机车、内燃机车到电力机车，都代表了能源业的发展，也反映了能源对运输业的影响和作用。同时，能源危机的出现，阻碍着运输业的前进步伐。今天，人们带着能源危机感，不断探索能源节约的途径，也在竭尽全力地探寻新的能源，这也意味着为运输业的发展寻找出路。

5. 人口数量和结构对铁路运输的影响

一个国家和地区，面积有大有小，人口数量各异，人口的分布也各具特点，这就决定了人口流动的数量、方向和范围不可能相同。运输发展的模式、规模也必然要适应这一需要，人口众多、经济落后的国家，旅客运输不可能完全抛弃公用型运输这一模式，在大多数消费者的支付能力有限时，航空旅客运输的发展难以超越这一需求的限制。

2.4.3 协调性分析

“协调”一词近来频繁出现在学术研究中，在《现代汉语词典》中，协调是指配合得适当。从形式上看，协调有两方面的含义。① 把协调看作一种组织管理工作。例如，为了实现行业持续、稳定和快速的发展，就需要处理和解决好行业内各部门、各系统、各要素之间的结构关系。这里所说的处理和解决就是协调。② 把协调当作事物发展的一种态势。例如，对经济进行宏观调节和控制，目的是使经济持续、快速、稳定的发展。从系统论出发，两个系统的协调就是一种状态，表明各系统因素之间的融合关系，在各自内部和对外开放条件下，两者相互依存、相互适应、相互促进。

共同发展的状态、过程和形成决定了这种状态和过程的内在稳定的运行机制，任何系统的变化和发展都以不损害对方或不给对方发展造成障碍为前提，并使这一系统的发展成为另一系统发展的有利条件。即两个系统各自以对方为自己的约束条件，选择自己的要素，调整自己的结构，改变自己的功能，以适应和促进对方的发展，使各系统要素不断更新、结构不断优化，两系统不断容纳、联结和相互促进，从而形成两系统在动态反馈过程中各自螺旋式上升的态势。不能离开系统的演化来讨论协调，把协调当成结构稳定的同义语，也不能把协调等同于平衡，把协调范畴仅仅归结为系统结构的静态比例关系。协调应是发展的一种规定，是对系统的各种因素和属性之间的动态相互作用关系及其程度的反映。基于此，可以这样理解协调的定义：为了实现系统总体演进的目标，各子系统或各元素之间相互协作、相互配合、相互促进，所形成的一种良性循环态势。这个定义有两层意思：① 协调是具有目的的，即实现系统的总体演进目标，为实现这个目标，要求各子系统、各元素之间相互适应、相互配合、相互协作、相互促进；② 协调是动态的，不是静止不动的。

改革开放以来，我国经济高速增长令世人瞩目，实现了现代化建设的前两步战略目标。根据我国的经济发展计划，未来20年内国民经济仍将高速增长，而铁路运输业作为国民经济发展的动力是实现这一目标的关键因素之一。由于铁路运输业的生产建设需要很大的投资和较长的建设周期，所以对于研究铁路运输与经济发展间的作用关系就显得十分重要和关键。

2.4.4 铁路运输与国民经济协调发展

世界上有一些国家的铁路干线十分繁忙。例如，法国的高速铁路和南非的重载铁路在其全国铁路营运里程中占比极低，却完成了其国内绝大部分的客货运输任务。但世界上没有一个国家像中国铁路这样，客货运输在全国范围内出现全面繁忙的景象。即使像俄罗斯和印度这种铁路运输密度很高的国家，与中国相比之下仍显一般。

近几年，我国铁路建设有了长足发展，平均每年新增里程由 2010 年的 2% 左右升至 5.8%；而我国经济于近年来增速有所放缓，但仍保持 8% 左右的增长速度。铁路建设与经济的高速增长相比仍然滞后，发展潜力不断凸显。

在客货运方面，随着铁路发展水平的提升，诸如货运请求车满足率低、客运座席缺口大等突出问题得到针对性改善，但总体运能不足仍是制约国民经济发展的瓶颈之一，铁路的运输能力远远不能适应国民经济和社会发展的需求。

客运方面，近几年，随着客流的增多，铁路运输压力较大。尤其是春节、五一、十一等法定节假日，买票难，老百姓一票难求；车上更是人满为患，车厢内人员拥挤、空气不流通，工作人员服务差。如果遇到恶劣天气，部分地区铁路设施更是接近瘫痪，旅客滞留车站。究其原因，主要是我国铁路设施发展滞后。自 1997 年第一次大提速开始，我国铁路共进行了 6 次大提速，近年来铁路里程平均每年延伸了 5 575 多 km，但是总的来说，运输能力远远不够，区域性运输矛盾不断加剧。据统计，截至 2020 年年底，我国铁路营运里程达 14.63 万 km，但人均铁路营运长度仅为 10.53 cm。

货运方面，铁路运输设施不足导致农产品和煤炭、石油、钢铁等工业原材料运输困难，农产品不能实现商业化，资源不能有效配置，导致经济效率低下。例如，由于铁路设施不足，运输受阻，在我国部分偏远地区出现了“水果烂市”“蔬菜烂地”“肉满为患”等丰年不丰收的现象，严重制约着部分地区农村经济的发展。此外，铁路设施的不足还导致了我国资源不能合理分配。部分地区煤炭、石油等工业原材料运输困难，企业原材料短缺，生产力下降。而商品短缺又会引起商品涨价、企业亏损甚至倒闭、工人下岗失业等一系列问题。

铁路运输是国民经济与社会发展的重要载体，是国民经济发展的基础性与先导性产业。虽然我国铁路运营里程在总量上尚处于短缺状态，路网结构对国土的覆盖性尚有较大的差距，客运和货运中存在较多问题，但是在各种运输方式组成的交通运输体系中，铁路运输始终处于骨干地位，对国民经济发展起到了强有力的支持作用。铁路运输与区域经济是相互影响、相互促进和相互制约的两个系统，两者之间只有形成一种动态平衡协调关系，才能相互促进、协调发展。

复习思考题

1. 如何从历史、产业史、供求关系和经济地理的角度认识铁路运输与国民经济的关系？
2. 铁路运输对沿线地区的经济和社会发展有哪些影响？
3. 社会经济对铁路运输有哪些影响？

第3章

铁路运输需求

【思政目标】

学习党的二十大一切从实际出发的精神，具体问题具体分析，与实际相结合，了解运输需求的相关知识，学习掌握铁路运输需求函数，并运用相关知识分析现实问题。

【内容概要】

本章从运输需求的含义开始，介绍运输需求的分类和运输需求的特征，深入分析铁路运输需求的内涵。通过探究运输需求（旅客运输需求和货物运输需求）产生的来源，分析影响旅客运输需求和货物运输需求的各种因素，更加全面地了解运输需求的产生和影响因素。学习铁路运输需求函数，并在此基础上通过分析需求函数，进一步理解铁路运输需求弹性的相关内容，并运用相关知识分析现实问题。

【学习重点与难点】

学习重点：铁路运输需求的内涵、运输需求的产生及影响因素和铁路运输需求函数。

学习难点：影响铁路运输需求的因素。

3.1 铁路运输需求的内涵

3.1.1 运输需求的含义

“需求”是经济学中经常使用的一个概念，它与“需要”这个概念既有联系又有区别。简单地说，需求是有支付能力的需要。运输需要是指货主或旅客对运输供给者提出的实现位移的要求，而运输需求就是运输市场需求，是指货主或旅客向运输部门提出的希望实现货物或旅客空间位移的要求。运输需求产生的基础是运输能够满足客货空间位移的需要。有效的运输需求一般应具有两个条件：① 有购买运输服务的欲望；② 有购买能力。缺少其中之一就不是有效的运输需求。但对于第二个条件，从社会利益出发，有时是弹性的，因为有效运输需求并不总是等于运输需要。有些需要被认为是非常有价值的，以致可以通过公共预算来满足。因为运输被看成对人们生活质量产生重大影响的因素，人们有权享受这种最基本的服务，运输部门应该保证某种起码的供给。

总体来说，铁路运输需求是指社会生产和人民生活对铁路运输的要求。铁路运输需求包括以下几个方面的内容。

1. 流量

流量即铁路运输需求量，是指铁路运输需求的规模大小和数量的多少。它与一般商品的需求量表示不同，因为铁路运输需求涉及空间位移的概念，因此有时需要用复合指标来衡量交通运输需求量。通常流量用两个指标来表示：① 铁路运输量，以货物运输量（简称货运量，t）、旅客运输量（简称客运量，人）或车流量（车）来表示；② 铁路运输周转量，定义为铁路运输量与相应的运输距离的乘积，以货物运输周转量（简称货运周转量，t · km）、旅客运输周转量（简称客运周转量，人 · km）、车辆周转量（车 · km）来表示。从车流量的大小可以判定选定时间内的运输实际情况，从而便于采取相应的运输管理措施。因此，运输量的准确检测在运输调控中占据十分重要的位置。

2. 流向

流向即货物、旅客或运载工具空间位移的地理走向，从何处来，向何处去，反映了地域间社会经济和居民的运输联系。

3. 流程

流程即铁路运输需求的距离，是指货物、旅客或运载工具进行空间位移的起讫点之间的空间长度，是反映铁路运输工作量的一个重要指标，一般用运距指标（km）来表示。

4. 流时

流时即铁路运输需求提供服务所需的时间，包括运输服务开始的时间和完成的时间。一般用起运时间和运达时间表示满足运输需求所需的时间。

3.1.2 运输需求的分类

1. 按需求范围分类

运输需求从范围上可以分为个体需求、局部需求和总需求。个体需求是指特定的货主或旅客所提出的运输需求，它因个别货物或旅客各自的特点而不同。从货运来看，有的货物需要严格的运输质量管理来保证自身的安全，如油品、化学品、危险品等；有的货物则需要运费低廉，如煤炭、木材、矿石、粮食等大宗散货、低值品等；有的货物在运输时间上有严格要求，如鲜活货物、易腐烂变质的货物等。旅客运输一般都要求尽可能快速到达目的地，并同时保证安全、舒适。但不同年龄、不同性别、不同身份和不同职业的旅客因出行目的不同，也对铁路运输服务有不同的需求。

局部需求是指不同地区因经济发展水平不同而产生的不同运输需求，或者因自然条件等不同原因而产生的对某种运输方式的不同需求。我国国土辽阔，不同地区因资源和人口状况不同，以及经济发展水平的差异，而有不同的运输需求。例如，我国东部地区比较发达，运输需求量较大，西部地区的运输需求量则较少；东部地区不仅因经济发达，而且因靠近沿海、地处江河的中下游，可利用水运之便，5 种运输（铁路、公路、水路、航空、管道）方式相互配合；而西部边远地区无水运可以利用，则以对铁路、公路运输需求为主。

运输总需求是从全社会、整个国家宏观经济角度来考察的运输需求。即对旅客运输和货物运输整体所提出的需求，它是性质不同与具体要求不同的所有个别需求和局部需求的综合。

2. 按需求地域分类

运输需求从地域上还可分为区域内的客货运输需求、区域间的客货运输需求和通过（过境）运输需求。

区域内的客货运输需求是指旅客和货物运输的起讫点都在同一区域内的运输需求。它是由该区域内部的经济发展水平和人们的社会活动状况决定的，这是一种最基本的运输需求。

区域间的客货运输需求是指旅客和货物运输的起讫点有一方在某一定的区域内，而另一方则不在该区域内的一种运输需求。它反映区域之间在经济、社会和文化发展等各方面的关系，区域间的运输需求量越大，相关区域之间的经济、社会和文化发展关系也就越密切。

通过（过境）运输需求是指客货运输的起讫点都不在该区域内，旅客和货物只是利用该区域内的交通线和运输枢纽来实现其空间位移的一种运输需求。这种运输需求与该区域内的经济、社会和文化发展并不发生直接的联系，它主要取决于这一区域交通地理位置和运输设施的通行能力。在一些重要的交通枢纽及其相邻地区，有大量的运输需求。如大连港地处辽东半岛的南端，每年都有来自东北腹地的油品、玉米、大豆等经这里中转运往我国南方，这部分运输需求均属于通过运输需求。外国进出口货物经过大连至满洲里间的中国路段进入西伯利亚陆桥，经过新亚欧大陆桥的连云港至阿拉山口间的中国路段进入欧洲，其所产生的运输需求则称为过境运输需求。

3. 按需求性质分类

运输需求从性质上还可分为生产性运输需求和消费性运输需求。

生产性运输需求是与人类的生产、交换、分配相关联的运输需求；消费性运输需求是以消费为目的的运输需求。一般来说，货运中对原材料、中间产品的运输都属于生产性的运输需求，而对最终产品的运输虽处于消费的前奏，但也基本上属于生产性的运输需求，因为它是生产过程在流通领域中的继续；而在客运中既有生产性的运输需求，如乘车上下班、外出务工采购等；也有消费性的运输需求，如旅游观光等。从经济学的意义上来说，这两种需求的性质是不同的，由于前者是生产活动在流通领域的继续，其费用计入产品生产的成本；而后者是一种消费活动，其费用来自个人或社会的消费基金。

3.1.3 运输需求的特征

运输需求是一个矢量，具有大小、方向、空间分布和时间分布等特性。运输需求由4个要素构成，即流量、流时、流向、流距。与其他商品需求相比，运输需求具有以下几个方面特征。

1. 派生性

在经济活动过程中，特别是在商品交换过程中，存在着多种多样的商品和劳务需求。他们之间的关系并不是杂乱无章的，存在着一定的依存关系和相互关联。从需求产生的角度分析，其可以分为本源性需求和派生性需求，运输需求是一种派生性需求。所谓派生性需求，是指对一种商品或劳务的需求是由对另一种或几种商品或劳务的需求衍生出来的。引发派生性需求的那种需求即为本源需求。

运输需求的派生性十分明显。先看一下货物运输需求。社会对货物运输需求的产生并不是源于货物运输本身，货物运输是社会生产在流通领域的继续，是实现工农业生产及产品交换的必要条件。因此，社会对货物运输的需求源于社会生产、产品交换和产品消费。货物运输需求变化受制于生产及交换的规模、范围和结构。整个生产和交换的规模扩大以后，货物运输需求会随之扩大，否则将会相应减少，它们之间是一种正相关关系。货物运输需求既有生产性派生需求，也有消费性派生需求。

旅客运输需求也是一种派生性需求，如出差、旅游、探亲、访友所产生的运输需求。旅客运输需求既有私人消费性派生需求，如旅游、探亲访友等所引发的需求；也有公务活动性派生需求，如公务出差等引发的需求。

运输需求的派生性源于本源性需求，因此受本源性需求影响较大。例如，在时间方面，很多货物的生产和消费的季节变化比较明显，因此相关货物运输需求的季节性变化也比较明显；在空间方面，产业布局对货物运输的空间分布影响较为明显，很多货物运输的区域性和方向性很强，主要是资源配置和生产力布局的原因。旅客运输需求源于各类人员的出差、旅游、探亲访友等方面的需求，这些本源性需求的特性（如空间分布、时间分布、方向、规模等）决定旅客运输需求的特征。

2. 多样性

社会生产、交换及经济生活的复杂性，决定了运输需求的多样性。在货运方面，运输业承运的货物几乎涉及所有物品种类，在质量、体积、形状、性质和包装上千差万别，对运输要求各不相同；在客运方面，由于旅客的身份、收入、旅行目的等方面的不同，对运输服务在速度、准时、舒适性等方面的要求也是多种多样的。

3. 不平衡性

运输需求在时间、空间和方向上往往存在不平衡性。

运输需求最显著的特征之一是其随时间的规律性波动，具有时间上的不平衡性。这种不平衡性主要是由农业生产的季节性、消费及贸易活动的淡季与旺季、人类的生活节奏与节假日、旅游的季节性等因素引起的。

对于货物运输需求，从较长的时间看，总体趋势是逐年增长的，波动比较小，但在一年里，货物运输需求的波动性就比较大，从而产生了各季度、各月货流的不平衡，形成了运输工作的淡季与旺季。

货物需求在时间上的不平衡性，主要是由于所运货物的生产和消费的季节性引起的，可以分为以下几种情况：

① 生产和消费都有季节性，如蔬菜、水果等；

② 生产比较均衡而消费有季节性，如化肥、农药等；

③ 生产有季节性而消费比较均衡，如粮食、棉花、食糖等。

货运需求在时间上的不平衡，除与生产和消费的不平衡有关系外，还有其他原因。例如，由于产、供、销各部门工作前松后紧，使货运需求在一年中，经常是第一季度少、第四季度多，从而造成货流在分配上的前松后紧现象。

对于客运需求，从一条运输线或一个运输枢纽来看，一年内各季节、月、天，甚至一天内的不同时间段，旅客运输需求都有所不同，有时差别还很大，这往往引起在不同时间段内客流的变化，形成了客流的高峰和低谷。

客运需求在时间上的不平衡性，主要是由于人们出行的集中性造成的。人们出行常常集中在某一段时间，如我国法定的节假日和旅游季节，人们往往在这些时间内探亲访友，或者到名胜古迹、旅游胜地旅游，从而形成有规律的客流变化。

社会主义市场经济的发展，一方面，使客运需求从总体上有较大幅度的增长；另一方面，在承办商品交易会、大型运动会等活动的地方和时间里，客流量有突发性的增长，加剧了客运需求的不平衡性。

空间和方向上的不平衡性主要起因于资源分布、生产力布局、地区经济发展水平、运输网络布局等。例如，盛产煤炭的地方多为煤炭需求的起始地；具有大型钢铁冶炼企业的地区通常是铁矿石运输需求的目的地等。

4. 时空特定性和规律性

对于个别运输需求来说，在时间、空间上具有特定性。例如，某一批货物，货主需要运输企业在要求的时间内从一地运到另一地，时间性和方向性都很具体、明确，这些要求在很多时候是比较苛刻的，因为无论是在时间还是在方向上出现错误，对货主来说都可能造成巨大的经济损失。在旅客运输方面，出行的时间和空间是既定的，即时间、方向和目的是明确的。

单个的运输需求具有时空特定性，它们的集合在时间和空间方面往往表现出明显的规律性，在货物运输和旅客运输方面均是如此。我国春节期间，客流达到高峰已成为一种规律。空间上的规律性也同样十分明显，京广、京沪、京哈三大铁路干线的客货流量明显高于其他线路，我国东部地区的客货运量明显高于其他地区。

5. 部分可替代性

和其他很多产品一样，运输产品也具有可替代性。在两地之间存在两种或两种以上运输方式的情况下，不同运输方式之间存在着替代关系和替代效应，这也是运输市场存在竞争的基本条件。虽然不同运输方式之间的替代关系导致它们之间可能存在竞争，但是它们之间的协同和协作关系同样是综合交通运输发展的重要趋势。一个高效的综合运输体系一定是各种运输方式一体化、协同程度较高的体系，也是交通运输部门竭力打造的体系。

运输需求的部分可替代性可分为外部替代和内部替代。外部替代是指运输需求可以被非运输需求替代。例如，随着现代通信与网络技术的发展，一部分旅客的流动可以被替代。铁路货物运输的替代服务方式有公路运输、海运和空运。在需要运输货物总量不变的情况下，其他几种运输方式的运输价格、运输效率、运输质量和运输速度的调整，都会影响对铁路货运的需求。例如，公路运输价格上升，人们就会减少对公路运输的需求，从而增加对铁路运输的需求；高速公路建设质量的提高和建设数量的增加，使公路运输更快捷、更方便，从而在近距离运输的情况下减少了对铁路货运的需求。

3.1.4 我国铁路客运和货运的需求结构

1. 铁路客运需求

不同需求层次上的旅客会有不同的铁路运输服务需求。

① 经济需求层次。这一层次的旅客希望花少量的钱并保证在旅途中有座位，能满足基本生理需求。这一层次的旅客若没买到座票，如果时间紧张或距离较近，其也会选择铁路出行。

② 满足需求层次。这一层次的旅客希望在旅途中有卧铺，保证足够的睡眠时间，对列车的到发时刻、旅行速度、旅行环境、餐饮供应等方面均有较高要求。

③ 享受需求层次。这一层次的旅客希望在旅途中不但不觉得疲劳，反而是一种旅游享受。他们除需要一个十分舒适的环境外，还需要铁路部门提供高质量的服务。

旅客需求层次的构成主要取决于人们的经济收入水平和消费观念。

我国铁路的需求以往对经济性要求较高，随着经济的发展，在客流结构上，远程客流对速度、舒适、方便和高质量服务的要求，城际客流对方便、速度的要求都将逐步提高；在时间点上，除传统的春运、暑运外，五一、十一假期各地区旅游旺季客流与平时也存在明显的不均衡，这种不均衡既体现在时间上，同时也更多地体现在空间点上。

2. 铁路货运需求

铁路货运需求是指由于社会生产和人民生活的需要而产生的对铁路货运的要求。衡量铁路货运需求大小的量，有铁路货物运输量和货物周转量。如果仅反映货物的运输数量，不反映运输里程，就用铁路货物运输量来衡量铁路货运需求的大小。形成货运需求的条件有两个：对铁路货运的需要和形成铁路运输能力。社会生产和人民生活形成铁路货运的需要，随着生产的发展和人民生活水平的提高，这种需要会越来越大。

由于我国煤炭、原油、粮食、木材等资源分布及区域经济发展的不平衡，使得铁路货流流向、流量比较明显而稳定。铁路大宗货流的主要流向是由北向南、自西向东，比较稳定，而且主要集中于哈大、京沈、京广、京沪铁路主要干线上，以及大秦、丰沙大、石太、京九、焦枝、宝成等几条南北方向铁路和石德、侯月、新月、新荷、菏兖日、陇海、浙赣、湘黔等几条东西方向的铁路主要干线上。近年来，随着我国经济的平稳发展，货运方面对运输质量、速度、准确的要求都有了明显提高。

3.2　运输需求的产生及影响因素

3.2.1　运输需求的产生

运输需求包括旅客运输需求和货物运输需求，两种需求的产生来源存在明显差异。

旅客运输需求来源于生产和消费两个不同的领域。与人类生产、交换、分配等活动有关的运输需求称为生产性旅行需求；以旅游、探亲访友为旅行目的的运输需求称为消费性旅行需求。从经济意义上，这两种旅行需求的性质是不同的。生产性旅行需求是生产活动在运输领域的继续，运输费用进入产品或劳务成本；消费性旅行需求是一种消费活动，其费用来源于个人收入。

货物运输需求产生的来源有以下 3 个方面。

① 自然资源的地区分布不均衡，生产力布局与资源产地分离。例如，我国煤炭探明储量集中在北方，占 82%，其中山西、内蒙古、陕西 3 省区就占 64.3%；铁矿石集中在河北、辽宁、四川、内蒙古 4 省区，储量合计占全国探明储量的 62.5%。生产力布局不能完全与自然资源配合，就必然产生运输需求。

② 生产力与消费群体的分离。由于自然地理环境和社会经济基础的差异，各地区间经济发展水平和产业结构的差异，决定了生产性消费分布的存在。随着生产社会化、专业化的发展，生产与消费在空间上日益分离，也就必然产生运输需求。

③ 地区间商品品种、质量、性能、价格上的差异。地区之间、国家之间在自然资源、技术水平、产业优势方面存在不同，产品的质量、品种、价格等就会存在很大差异，这必然引起货物在空间上的流动，产生运输需求。

3.2.2　旅客运输需求的影响因素

旅客运输需求是一种派生性需求，是由于人们的出行需要所派生出来的，即人们的出行行为派生了旅客运输活动。

在现代社会，人们的社会活动频繁，活动的地域范围广阔，除利用电话、电报、计算机等手段来商谈业务以外，在多数情况下，运输伴随着人们的出行活动。由于活动的地域广阔，除个别近距离者可以步行以外，一般都要利用各种运输工具作为代步工具，所以旅客运输活动派生于人类的出行活动。

现在，人们的旅行包括公务、商务、度假、医疗保健、求学、家庭事务（探亲访友）、宗教、体育等类型。

旅客运输需求根据人们出行的目的一般可分为 4 类：公务、商务、探亲、旅游（包括度假、医疗保健等）。其中，以公务和商务为目的的旅客运输需求来源于生产领域，是与人类生产、交换、分配等活动有关的需求，可称为生产性旅行需求，这种需求是生产活动在运输领域的继续，其运输费用进入产品或劳务成本。以个人事务（探亲、访友等）、旅游为目的的旅客运输需求来源于消费领域，可称为消费性旅行需求，其运输费用来源于个人收入。

以旅游为目的的消遣性旅行者外出的季节性很强，除退休者外，在职人员几乎都是利用带薪假期时间外出，他们对目的地和出行方式有较大的选择自由。此外，旅游目的地的气候条件往往也有季节性，对价格较敏感。

公务、商务性旅行者占有较大比例，没有季节性，对旅行服务要求舒适和方便，对价格不敏感。

个人事务旅游者在时间上往往没有自由度，如参加婚礼、开学典礼等，但是有的也存在规律性，如探亲访友多在传统节假日等。

影响旅客运输需求的因素主要有以下几个方面。

1. 收入水平

一个人的收入水平，或者其家庭的收入水平，往往决定着其旅行消费水平。但真正起作用的是收入中的可自由支配部分，这是指个人或家庭收入中扣除全部税收及日常生活必须消费部分（衣、食、住、医疗、学习等支出——根据马斯洛的需要层次理论，吃、穿、住、医疗只能算人们起码的生存和安全需要）之后所余下的收入部分。很多研究表明，当一个家庭的收入不足以购买生活必需品时，该家庭很少会外出旅行，一旦这个家庭的收入水平超过这一临界点，该家庭用于旅行的消费便会增加。

收入水平这一因素影响的重要性，不仅是一个家庭达到一定水平后便可以满足外出旅行的经济条件，而且是超过这一临界水平后，每增加一定比例的收入，旅行消费便会以更大的比例增加。个人收入水平还会影响人们旅行消费的构成。

收入水平是影响消费性旅行需求的最重要因素。一般来说，收入水平越高，需求量越大。但这种概括既不适用于所有运输方式，也不适用于所有场合。例如，收入提高，拥有汽车变得更为普遍，公共运输在许多情况下变成了次等商品，即收入提高对私人汽车拥有量和公共交通需求量的影响是相反的。

此外，收入对长期需求和短期需求的影响是不一样的。一般来说，收入降低会使需求水平急剧下降，但由于人们在长期生活中重新调整他们的支出模式，弹性可能比刚开始时低得多。在一段时间内，人们在旅行上的花费占可自由支配收入的比例接近一个常数。

2. 闲暇时间

个人原因的旅行，不管是旅游还是探亲访友，另一个必要条件是可用于旅行的闲暇时间。城镇居民的时间由 5 个部分构成：工作时间、附加工作时间、满足生理需要的生活时间、必需的社会活动时间、闲暇时间或称为可自由支配的时间。闲暇时间又分为每日闲暇时间、周末、公共假日和带薪假期。与旅行（旅客运输）有关的时间，包括附加工作时间中的往返交通时间和参加社会活动时的在途时间；闲暇时间中用于外出旅行的时间，即周末、公共假日和带薪假期。许多人为了全家一起外出旅行，往往会选择公共节假日或学生寒暑假期间休假，这是导致我国旅客运输在节假日出现高峰的主要原因。

对于农村居民，闲暇时间是随农业生产的季节性变化的。除春节这样的节日外，农村外出旅行、做工的时间主要是农闲时间。旅客运输也会随农业生产的忙闲季节转换而出现周期性高峰。

3. 经济发展

由于人们旅行中有很大一部分是生产性的公务旅行和商务旅行，所以旅客运输需求受经济发展水平的影响很大。生产发展水平的高低、速度的快慢除决定居民收入水平外，还直接派生出大量的旅行需求，包括物质生产企业的原材料采购人员、营销人员和技术开发人员的工作旅行，商业与贸易企业的商务性旅行，以及与此关系密切的行政管理人员、科研与教育等事业单位人员的旅行等。

经济发展对客运需求的影响表现在以下几个方面。

（1）经济发展总量

由物质生产产生的人员出行，与经济发展总量成正比，国民经济规模越大、发展越快，派生出来的人员出行越多。

（2）生产力的配置

生产力的配置也是影响客运需求的一个因素。因为生产力的配置不仅涉及生产设施的布局，还同时涉及劳动力资源的分布。由于生产力不可能全都集中在一个比较狭小的区域内，跨地区的人口流动就是必然的。一般来说，生产力配置越分散，人员交流越多。

（3）商品经济的发达程度

随着市场经济的发展，第三产业在国民经济中的比例增加，商品购销及商务洽谈活动引起的人员往来必然增加。上述活动虽然可以用电话、电报和电子邮件等方式，但更多的还是面对面的商谈、参观、看货、验收等，通过人与人的活动才能解决。所以市场经济越发展，商务活动越频繁，旅客运输需求越旺盛。例如，我国实行改革开放以来，商业贸易市场放开，从事商业经营的劳动力大幅度增加，外出经商人员在客运需求中占有的比例比计划经济时期大大增加。

（4）经济体制的影响

在计划经济体制下，国家实行严格的户籍管理和就业制度，人员流动量小，而在市场经济体制下，人们在就业方面有较大自由，人口流动相对频繁，因此客运需求量也更大。随着我国市场经济的发展与完善，劳动力跨地区就业的限制越来越少，从而就业人口的流动性大大增加。特别是农村剩余劳动力向城市的转移，形成了大规模的民工潮，成为客流增加的一个重要组成部分。

（5）人口的增长及城乡人口比例的变化

旅客运输需求的主体是人，人口数量自然是影响客运需求的一个重要因素，在人均收入（人均出行率）一定的条件下，人口基数越大，出行人数越多，客运需求量越大。

城市化程度是影响旅客运输需求的另一个因素。城市人口的人均出行率比农村人口高，其原因有两个。首先，城市人口平均收入高于农村，用于外出旅行的支出高于农村居民；其次，城市人口工作节奏比较快，脑力劳动强度相对较大，同时生活空间小、工作单调，容易产生压抑情绪，需要通过短时间地改变环境得到休息、放松身心，因此外出旅行的愿望比农村人口强烈得多。所以，城市人口在总人口中占的比例越大，要求提供的客运服务就越多。

（6）旅行费用，即运输服务价格

旅行费用对旅行需求的影响较大，尤其是个人事务旅行需求。某种商品的需求受它的价格、其他商品的价格和收入水平的影响。价格不是简单的票价，对运输来说必须包括未获得运输服务所付出的所有其他成本（其中时间成本通常认为是最重要的）。因此，运输需求可能不是简单的运输，而是一连串的运输服务。

（7）运输服务的质量

安全、迅速、便利的运输服务网将刺激人们的旅行需求；反之，则将抑制人们的旅行需求。

（8）其他服务的价格

对于某种运输方式的客运需求，其他运输方式的方便程度、运价水平和服务质量对其有直接影响。例如，成都至重庆的高速公路开通前，铁路每天开行两对直达旅客列车，车票还很紧张；高速公路开通后，由于其运行时间比铁路短很多，大量旅客流向公路，铁路减少列车对数后仍达不到满员。又如，北京至天津的高速公路通车后，铁路客流大量流向公路，但当铁路采取了列车提速、增加密度等措施后，客流又开始向铁路回流。

（9）其他因素

还有一些因素对旅客运输需求有一定影响，如通信事业的发展、计算机应用的普及、互联网金融的发展等，它们为信息、资金的流动提供了方便，在一定程度上可以减少人员的出行。

4. 其他因素

还有许多其他因素影响个人事务旅行，如个人喜好、年龄、职业、受教育程度、民族等。

喜好是一个含义广泛的变量，它不仅影响一个人是否出行，还影响其出行方式。随着时间的推移，与旅行和旅客运输有关的喜好已发生了变化，如在外出旅行者中使用私人汽车的倾向在增加。

年龄的影响反映在身体状况和对旅行的热爱程度上，一般而言，年轻人身体好，外出旅游的热情高，经常把旅行和体育活动结合一起，外出旅行相对较多；老年人体力较弱，除了疗养性质的旅游，外出旅行的相对较少。

职业、受教育程度、民族等主要是由于生活习惯不同，而对个人的外出旅行产生影响。

3.2.3 货物运输需求的影响因素

货物运输需求是派生需求，是由社会经济活动这一本源需求引起的，因此经济因素对运输需求的影响是不言而喻的。自然资源分布、生产力布局导致产生运输需求；经济高速增长时期，必然产生较强的运输需求；不同国家或地区经济发展不平衡，导致运输需求不平衡；国民经济产业结构和产品结构不同，在运输需求的量与质上要求不同；同一国家或地区经济发展的不同时期，运输需求结构也有相应变化。例如，西方一些发达国家在工业化初期，开采业、重工业、大型机械产业对钢铁需求较大，导致铁矿石、煤炭等散装货物运输需求急剧增加；到机械加工工业发展时期，原材料运输继续增长，但增长速度不如以前，而运输需求开始多样化，对运输速度和运输质量方面的要求有所提高；进入精加工工业时期，经济增长对原材料的依赖明显减少，由于大宗散货的需求增长速度放缓，使总体运输需求在数量上增长速度放慢，但运输需求越发多样化，技术密集型产品、高价值产品比重增大，对运输质量方面的需求越来越高。

货运需求增长与国民经济增长有以下趋势。

1. 长期发展趋势

从长期发展趋势来看，工农业生产特别是整个国民经济的发展同货运量的比例关系，其总趋势是生产增长快于运量增长，即国内生产总值的增长快于货物周转量的增长。之所以有上述发展趋势，是由于以下几方面因素。

① 国家工业化水平提高，引起产业结构的变化。工业化水平低的国家，劳动密集型产业（产品）的比重大，而技术（知识）密集型产业（产品）的比重小，因而产品的价值低(一般手工艺品除外)、产值小，使运输工作量的增长快于产值的增长；工业水平比较高的国家，技术（知识）密集型产业（产品）的比重大，劳动密集型产业（产品）的比重小，使运输工作量的增长慢于产值的增长。所以，在工业化高度发达的国家，国内生产总值的增长快于货物周转量的增长。

② 国家工业化水平的提高，引起第三产业的比重提高。一般工业发达国家，第一产业的比重为 10% 左右；第二产业的比重为 30% 左右；第三产业的比重为 60% 左右。第三产业一般包括属于流通部门的交通、邮电、商业、饮食、物资、仓储等行业；为产业和生活服务的金融、保险、地质、房地产、公用事业、居民服务、旅游、咨询、信息服务、技术服务等部门；为提高科学文化水平和居民素质服务的部门，如教育、文化、广播电视、科学研究、卫生、体育、社会福利等；为社会公共需要服务的部门，如国家机关、政党、社会团体、军队、警察等。我国统计前 3 项。而第三产业一般属于服务部门，实物产品较少，产值比重大，运输工作量小，产值增长速度大大超过货物周转量的增长速度。而第三产业产值是构成国内生产总值的重要组成部分（在发达国家约占 60%），所以使国内生产总值的增长速度大大高于货物周转量的增长速度。

③ 高度工业化的国家，生产的合理布局和四通八达的交通网络已经形成，生产布局越合理，运输线网越合理化，货物周转量也越小。我国实行社会主义市场经济，工农业生产布局和运输线网的配置日趋合理，物资供应制度和运输组织工作不断完善，因此，从长远来看，生产的增长快于运输的增长这一趋势，应当比资本主义社会更为明显。

2. 短期发展趋势

从短期发展趋势来看，在工业化初期，总体上生产的增长快于运输的增长这一趋势，一般是不存在的，而往往是运输量的增长速度超过国民经济的增长速度。

工业化初期，这种趋势决定了交通运输业的投资增长速度应大于国民经济增长速度，否则，交通运输业的发展就满足不了国民经济发展的需要，从而成为瓶颈产业。在工业化中期，货运量增长速度与国民经济增长速度趋于一致。而工业化后期，即从长远来看，货运量的增长速度将慢于国民经济增长速度。

具体来看，影响货物运输需求的因素有以下几个方面。

1）经济发展

经济发展对货物运输需求的影响是多方面的，主要有以下 3 个方面。

(1) 自然资源分布不均衡，生产力布局与资源产地的分离

自然资源是大自然赋予人类的财富，自然资源在空间的分布不均衡是一种自然地理现象。生产力的布局要考虑自然资源分布状况，但不可能完全一致；人类的经济活动必然要求自然资源由储藏丰富的地区向贫乏的地区流动，这就必然产生运输需求。

(2) 生产力布局与消费群体间的分离

由于各地区经济发展不平衡，生产力布局与消费群体的分离必然存在；生产力的布局同时决定了生产性消费品的分布，而生产性消费品的生产同消费同样存在分离。随着社会经济的发展，某些商品的生产与消费的空间分离可能会减少，但是随着生产的社会化、专业化、区域经济的分工与合作、生产要素的进一步组合，某些商品（包括中间商品）的生产将日益集中在某个或某些区域。因此，生产与消费的空间分离将日益增大。由于生产与消费的空间分离不可避免，就必然产生运输需求。

某类商品的生产与其所产生的运输需求之间的关系，可用产品运输系数表示。产品运输系数是指产品运输量与生产量的比值。

一般而言，工农业产品产量越多，其运输量就越大。但在产品数量一定时，运量的大小取决于产品运输系数的大小。因为一种商品运输量的大小是由多种因素决定的。例如，名牌产品，畅销全国各省和世界各国，其运输量就大；某商品产地消耗量大，运往各地销售的比重小，其运输量就小；企业和仓储地点分散，进行生产协作和商品储存时，运距长，其运量较大；产品生产专业化程度低，综合利用程度高，产品的运输工作量较少；各种运输方式进行合理分工、密切协作，使运输趋于合理，减少了不合理运输，使运输工作量减少；同一产品在同一时期内由于产销联系的变化，也使运输工作量发生变化。生产水平的提高，库存量增减，物资进出口数量的变化等，都会引起产品运输系数的变化，从而影响运输需求。

产品运输系数是一个运输经济指标，反映了各种商品的运输需求，它对于运量经济调查和运量预测有重要意义，是人们研究运输需求的重要参考性经济指标。

此外，生产力布局的不均衡还带来另一个问题：不同地区间产业结构不同，所生产的商品品种、质量、性能、价格上存在差异。由于不同地区之间及不同国家之间，自然资源、技术水平、产业优势不同，产品的质量、品种、性能、价格等方面会存在很大差异，由此可引起货物在空间上的流动，产生运输需求。

(3) 工农业生产的规模和速度

货物运输是实现工农业生产的重要手段，是实现工农业产品交换的必要条件，是实现不同地区经济联系的桥梁和纽带。货物运输需求随着工农业生产和交换的规模、范围和构成等情况的变化而变化，并受其制约。随着工农业生产和交换规模的增大，货物运输需求量就会增大；随着工农业生产和交换范围的扩大，货物运输距离就会延长；随着工农业生产构成的变化，货物运输需求的构成也会变化。但是，它们并不是成正比例变化，因为影响运输需求的因素是多方面的，工农业生产仅仅是影响因素之一，而不是唯一的因素。严格地说，如果在货运能力超前于工农业生产的前提下，工农业生产的规模和速度与货物运输需求起着正相关的变化。即工农业生产发展了，货运生产也有随之发展的趋势，因为货运强度（货物周

转量/工农业总产值）不是固定不变的，工农业产品的价值构成也不是固定不变的，它受到产业结构、产品结构和供求关系的影响而发生变化。同等数量的工农业总产值，其货物周转量不同。

2）科学技术发展水平

科学技术发展水平是影响运输需求的重要的长远性因素。在人类历史的发展中，科学技术作为生产力的构成要素，自始至终起着加速各国经济增长和推动世界经济国际化的促进作用。尤其是科学技术革命，迅速地改变世界经济结构。经济学家认为，世界经济的发展在人类进入资本主义社会以后，曾经发生过 3 次重大的技术革命。

第一次科学技术革命以蒸汽机的发明为主要标志，首先发生在英国。19 世纪初，蒸汽机相继应用到轮船和火车上，从而使运输业发生了革命性的变化。

19 世纪后期，第二次科学技术革命首先发生在美国，它是以电力的发明和使用为代表，人类跨入了电气化时代。由于电力带动生产力的巨大发展，提高了生产的社会化程度，促进国际分工向纵深推进，进一步加强和扩大了各国生产关系的急剧变化，推动了资本主义从自由竞争向垄断过渡，资本输出与资源掠夺在全球范围展开，进而加快了对世界领土的瓜分，这就引起 20 世纪前半期两次世界大战的爆发。在两次世界大战中，运输业成为最重要的军事力量之一。

第三次科技革命是在第二次世界大战以后发生的。其主要标志是原子能等新能源的发现和利用、电子计算机的发明和应用、新材料的人工合成与利用、空间技术的发展，以及遗传工程的重要成就等。这次科技革命首先从美国开始，后来逐步波及西欧、日本及其他国家。这次科学技术成果大大加快了运输工具的改造与革新速度，运输方式的集装箱化、大型化和专业化等为运输需求的提高提供了前所未有的运输能力。

科学技术的发展还引起产业结构的变化，使物质生产部门降低了原材料的消耗，从而影响运输需求。

3）运输价格

运输价格和运输商品的市场价格变动，也会引起运输需求的变动。一般来说，运价下降，运输需求上升，而运价上涨时，短期内运输需求会受到一定抑制；两地市场商品价格差别增大，会刺激该商品两地间的运输需求，而商品价格差别缩小，则会减少两地间该商品的运输需求。另外，燃油、运输工具等价格变动也会引起运价的变动，从而导致运输需求的变动。

4）运输网络布局与运输能力

运输网络布局和运输能力直接影响货源的吸引范围和对运输需求的适应程度。例如，国际航空线路的开辟，为鲜活易腐货物的国际运输需求提供了质量保证；优越的交通地理位置、高质量和高效率的运输网络不仅能满足本地区运输需求，而且还可吸引过境货物、中转货物。中国香港和新加坡的港口是名列世界前茅的集装箱大港，其特点是半数以上的集装箱吞吐量来自其他港口的中转箱。由此可见，完善、合理的运输网络布局，以运输能力为保障的方便、快捷、高质量的运输服务，无疑会刺激运输需求；滞后的运输网络与运输能力会抑制运输需求。

对于某一种运输方式，不同运输方式间的相互替代也是影响运输需求的一个因素。

当有多种运输方式存在时，考虑一种运输方式替代另一种运输方式的影响因素是十分必要的。假定用户的决策都取决于其得到的运输服务价格，那么最方便的衡量方法就是分析不同运输需求的交叉价格弹性。交叉价格弹性是在其他条件不变的情况下，某种运输方式的运价变化所引起的另一种运输方式需求量变化的比例。如果交叉价格弹性的数值大于零，即某种运输方式的运价提高引起了另一种运输方式需求量的增加，那么这两种运输方式之间是可以互相替代的，说明用户自动选择了使用那种更廉价的运输方式解决自己的运输问题。如果交叉价格弹性的数值小于零，即某种运输方式的运价提高引起了另一种运输方式需求量的下降，那么这两种运输方式之间是互补关系。

在货物运输中国民经济结构的变化，尤其是从重工业转向生产高价值、低重量产品的轻工业，使人们将重点从价格转移到了运输服务的其他方面，对于某些货物，低价格不再是选择运输方式的决定性因素。

5）人口

人口的增长、分布及城市化水平，对于货物运输需求有一定的影响。人口增长、人均收入增加，必然增加消费品的供应量，即刺激货物运输需求的增加；城市化水平高、城市人口比重大，必然要增加城市人口的生活供应，城市人口与农村人口相比，消费品的供给量是比较大的。

6）国家政策

国家政策对货物运输需求的影响是综合性的，主要反映在以下方面。

（1）经济体制

一个国家的经济体制有计划经济和市场经济两种形式。不同经济体制对运输需求影响很大。例如，我国改革开放以前，社会经济中的产品交流主要通过计划分配来实现；经济体制改革以来，流通体制发生了根本性的变化，市场调节生产资料的比例日益增大，消费性商品供给市场基本放开，在竞争机制的作用下，产品在市场上相对自由的流动，商品交换的范围迅速扩大，带来运输需求迅速增长。

另外，随着经济体制的转型，物质生产部门的生产组织管理发生变化，企业自主购销，使原材料和产品的流量、流向在一定程度上发生了改变，货物的运输组织方式也发生很大变化。例如，随着物流概念被越来越多的企业所接受，许多流通企业、生产企业已经实现了“零库存”，原材料、产品的库存分散化，转向第三方物流企业，这种可以节省大量库存费用的现代化管理方式，是以可靠的货物运输作保障的。这对运输供给提出了新的要求，不仅影响到货物运输需求的总量，更影响到货物运输需求在不同运输方式间的分配，以及运输生产组织的方式。

（2）国家政策对产业结构及布局的影响

为了促使经济的合理发展，国家政策对投资具有导向作用，一方面鼓励投资向某些部门倾斜；另一方面鼓励投资向某些地区倾斜。其结果都会对货物运输需求产生影响，投资引起产业结构的变化，会间接影响货物运输需求总量的变化；产业布局的变化会引起货物运输需求流量、流向的变化。

(3) 运输政策

国家的运输政策，首先会影响运输的供给（投资），包括供给的总量和供给的构成两个方面；其次会影响运输市场，建立开放的运输市场符合市场经济发展的要求。但是，运输基础设施具有公共性，不能像物质生产部门一样完全市场化，这是运输行业的特性所决定的。国家政策对运输供给和运输市场的影响，最终会对货物运输需求产生影响。

(4) 价格政策

运输价格管理是国家运输政策的一个重要方面，由于运输生产有为社会服务的属性，加上运输生产容易形成垄断，许多国家都对运输价格进行这样或那样的干预，尽管存在不少问题，但是运输价格不可能像普通商品价格一样，完全由企业根据市场需求情况来决定。国家对运输价格与其他商品价格比价的干预，包括对不同运输方式比价的干预，不可避免地影响货物运输需求。

从我国铁路货物需求发展来看，影响铁路货运需求的因素有国内生产总值、贸易量、各地区经济发展情况、自然资源的地区分布、产业布局、政府的政策、全国人口数量、收入水平、铁路货运价格、对外贸易量、网络与电子商务的发展、其他运输方式的运价，以及其他运输方式的发展等。

3.3 铁路运输需求函数

3.3.1 运输需求函数

1. 需求函数

为了定量研究运输需求受各因素影响的弹性大小，需引入运输需求函数的概念。运输需求函数是用函数形式表示运输需求量与影响因素之间的数量关系。

这里运输需求是指在特定的时间、空间和一定的条件下，运输消费者愿意购买运输服务的数量。由于研究目的及范围不同，从时间上，可以是一年、一季、一月或一日的运输需求量；从空间上，可以是一个国家、一个地区、一条线路或一个方向的需求量；从运输方式上，可以是各种运输方式的总需求，也可以是某一种运输方式的需求量。

既然运输需求量受到许多因素的影响，从数学上说，运输需求就是影响它的诸因素的函数。运输需求函数是运输需求量与影响这一数量的诸多因素之间关系的一种表达式，可表示为：

$$Q_z = f(P, Y_1, Y_2, \cdots, Y_n) \tag{3-1}$$

式中：Q_z 为运输需求量；P 为运输价格；Y_1，Y_2，…，Y_n 为除价格以外的其他影响因素，如工农业生产的规模和速度、产品运输系数、国民经济产业和产品结构、生产和运输布局、人口增长及其构成等。

这种需求函数仅是运输需求函数的抽象形式，并没有表示出自变量与运输需求量之间的具体数量关系。只有通过经济分析及数量计算，才能得到可以实际应用的运输需求函数。这一过程主要有以下几个步骤。

① 通过分析选择最重要的影响因素引入需求函数。如上所述，影响运输需求的因素很多，各影响因素之间又相互关联，应根据运输需求分析目的，精选能量化的最重要的影响因素。

② 用适当的指标把引入需求函数的影响因素量化，如经济发展水平、居民生活水平、运输服务价格等，必须用相应的指标表示，确定运输需求函数的自变量。

③ 自变量数据的取得与处理。数据的取得可以通过查找历史统计资料，也可以通过适当的经济推算。由于有些数据的统计口径、指标范围、指标含义等不同，它们必须经过加工处理，才能用于需求函数的建立。

④ 参数估计。用取得的自变量、因变量数据，通过数学方法，对需求函数中的各参数进行估计，得到运输需求函数，并对其进行统计检验。

⑤ 用所得到的需求函数进行运输需求分析、预测。

⑥ 对已有运输需求函数进行实际检验，并根据具体情况加以修正。

2. 需求函数的性质

运输的需求函数具有以下性质。

（1）非负性

一般需求总是正的，负的需求无实际意义。

$$Q_z=f(P,Y_1,Y_2,\cdots,Y_n)\geqslant 0$$

（2）需求曲线的单调性

根据需求规律，正常情况下，某种运输的价格降低，会引起其需求量增加，而价格上升则需求量减少。这种变化决定了需求曲线的单调性。

3. 运输需求函数模型

（1）线性模型

$$Q=a+bP \tag{3-2}$$

式中：Q 为运输需求量；P 为运输价格，或者是人均收入、GDP、工农业产值等其他影响因素；a、b 为待定参数。

该模型表明，运输需求量 Q 是其影响因素如运输价格 P 等的线性函数。

（2）半对数模型

$$Q=a+b\ln P+c_1\ln Y_1+\cdots+c_n\ln Y_n \tag{3-3}$$

该模型表明，运输需求量 Q 是运输价格 P 的对数和变量 Y 的对数的线性函数。

（3）对数模型

$$\ln Q=a+b\ln P+c_1\ln Y_1+\cdots+c_n\ln Y_n \tag{3-4}$$

该模型表明，运输需求量 Q 的对数是运输价格 P 的对数和变量 Y 的对数的线性函数。

3 个模型都可以只选取价格和非价格因素变量中的任意一个或若干个。而在实际应用中，可针对具体问题选择上述模型或建立其他合适的模型，通过具体的经济分析和数据统计、数量计算，得出确切的函数表达式。由于同一数据来源不同，模型计算的结果会有较大差别，通常应选择几个模型经试算挑选其中之一。

4. 运输需求的变动与运输需求量的变动

运输需求与运输需求量是两个不同的概念。运输需求不表示确定的某个数量，而表示需求量与运价之间的对应关系的总和，给定这样一个对应关系，可描绘出一条运输需求曲线。运输需求量则表示在某一确定的运价水平上，消费者愿意购买的运输服务的确定数量，它对应于需求曲线上的一点。当非价格因素不变时，由不同运价水平下的不同需求量构成一条曲线表示一种运输需求，在这条运输需求曲线上，不同点的运价是不同的，而非价格因素是相同的。但是，当非价格因素发生变化时，运输需求曲线将产生位移，这种由非价格因素变化引起的曲线位移就是运输需求的变动。如果运输需求发生了变化，即使价格不变，运输需求量也会发生变化。

运输需求的变动是需求函数的参数发生了变化，是曲线的移动；运输需求量的变动则是一定函数关系下，自变量引起的因变量的变化，是在一定曲线上的移动，如图 3-1 和图 3-2 所示。

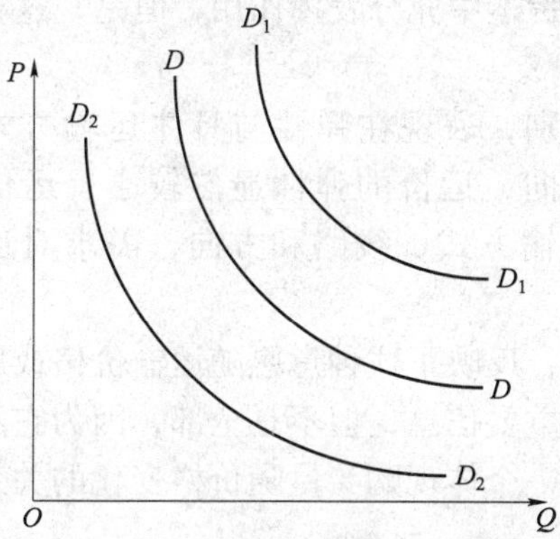

图 3-1　运输需求的变动

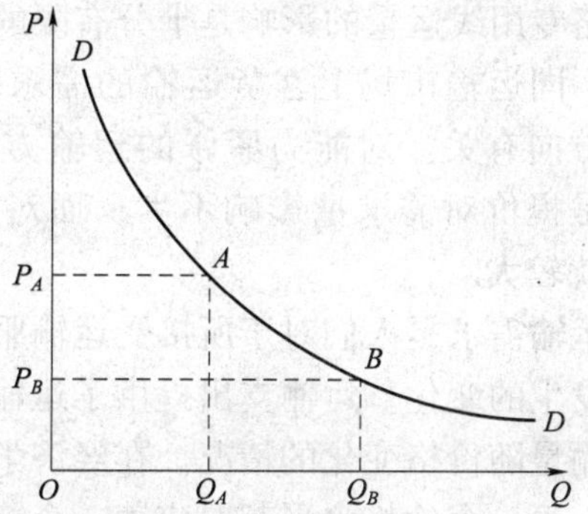

图 3-2　运输需求量的变动

3.3.2　运输需求弹性

在经济学中，弹性的概念是指一个变量对另外一个变量敏感度的测试。当经济变量之间存在函数关系时，弹性被用来表示作为因变量的经济变量的相对变化对作为自变量的经济变量的相对变化的反应程度。在需求分析中，弹性意味着需求量对价格、收入等因素的敏感程度。

1. 运输需求的价格弹性

运输需求的价格弹性表示运输需求相对于运价变动的反应程度，它是运输需求量的变动率与相应运价的变动率之比。其公式为：

$$E_P=\frac{\Delta Q/Q}{\Delta P/P} \tag{3-5}$$

式中：Q、ΔQ 分别为运输需求量及其变化值；P、ΔP 分别为运价及其变化值。

一般情况下，运输需求弹性是指运输需求的运价弹性。旅客运输需求中生产性旅行需求的价格弹性较小，特别是客运中有相当部分运量属于公务、商务等各种形式的公费旅行，这部分运量对运价的弹性比较小。消费性旅行需求的价格弹性较大，但消费性旅行需求受到收入水平高低的影响，人均收入高的国家和地区，由于运输费用占收入的比例小，价格弹性较小，而低收入地区，运价的变动对旅行者的影响要大些，故价格弹性较大。

货物运输需求的价格弹性往往与货物价值有关，价值小的价格弹性大，价值大的价格弹性小。价格弹性的大小还同货物的季节性及市场状况等有关。当某种货物急于上市销售或不宜久存时，其运价弹性较小。货主情愿选择运价高、速度快的运输方式，而不去选择运价低、速度慢的运输方式。此外，运输需求与资源分布及工业布局关系极大，其决定了相当部分的货运量，这些运量一旦形成，其运价弹性就比较小。例如，在铁路的货物发送量中，30%左右是运输距离在 200 km 以内的货物，其中 70% 属于铁路专用线运输，这部分运量已经形成比较固定的运输形式，对运价变动的弹性也比较小。虽然，可以通过提高铁路短途运价，把一部分运量分散到公路上，使公路在短途零散货运中充分发挥作用，但是，这种措施对铁路专用线运量的影响是十分有限的。

不同运输市场上客货运输的需求弹性有很大差别，表现在弹性与具体运输方式、线路和方向有关。对能力紧张的运输方式、线路和方向，运价的弹性显然较小，运价变动特别是提价对需求量影响不大；而对能力富余的运输方式、线路和方向，需求对运价的弹性就较大。

运输需求是人们对于所接受运输服务的支付意愿，反映了这种意愿随运输价格或成本水平而发生的变化。运输支出提供了运输需求的一部分重要信息，但不是全部，因为它不能反映运输量随价格变化的情况。在经济学中，往往使用一个体现购买量随价格变化的关系式来表示，每一个价格水平都对应着一个需求量。

当需求曲线上两点之间的变化量趋于零时，需求弹性要用点弹性来表示。假定运输需求函数为 $Q=f(P)$，则点弹性的计算公式为：

$$e_{\mathrm{d}}=\frac{\mathrm{d}Q/Q}{\mathrm{d}P/P}=\frac{\mathrm{d}Q}{\mathrm{d}P}\cdot\frac{P}{Q} \tag{3-6}$$

其中 e_{d} 表示运输需求的价格弹性。

点弹性的计算如图 3-3 所示，其前提条件是需求曲线的方程已知。然而，在更多的情况下，并不知道需求曲线方程，但知道运价变动前后运量的数据，即知道需求曲线上运价变动前后两点的坐标，这时可以用弧弹性法计算价格弹性。弧弹性的计算公式（中点公式）为：

$$e_{\mathrm{d}}=\frac{\Delta Q/Q}{\Delta P/P}=\frac{(Q_2-Q_1)}{(P_2-P_1)}\cdot\frac{(P_2+P_1)}{(Q_2+Q_1)} \tag{3-7}$$

弧弹性的计算如图 3-4 所示。

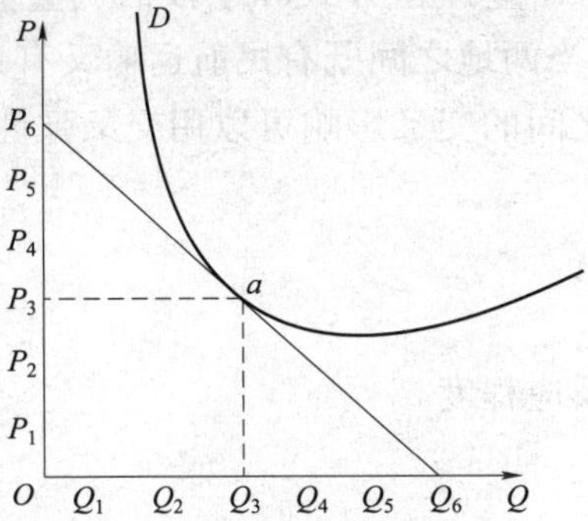

图 3-3 点弹性的计算

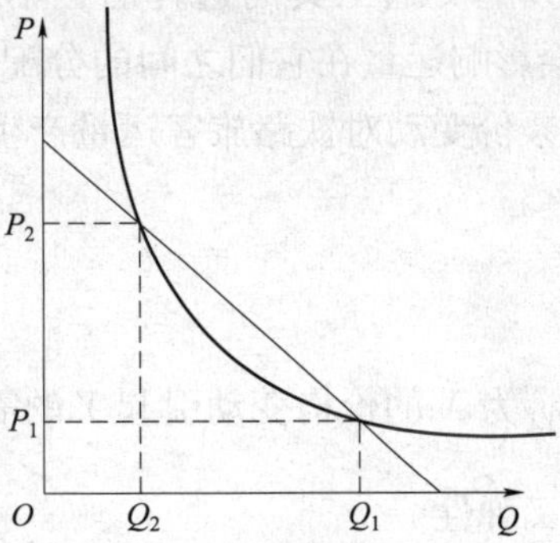

图 3-4 弧弹性的计算

由于价格和需求反方向变动，需求的价格弹性一般都是负数，在计算时取其绝对值。运输需求弹性有几种不同情况：

① 当 $|e_d|>1$ 时，称为富有弹性，在这种情况下，表示需求量变动的比率大于价格变动的比率。

② 当 $|e_d|<1$ 时，称为缺乏弹性，在这种情况下，表示需求量变动的比率小于价格变动的比率。

③ 当 $|e_d|=1$ 时，称为单位弹性，在这种情况下，表示需求量变动的比率等于价格变动的比率。

2. 运输需求的收入弹性

运输需求的收入弹性反映运输需求量与消费者收入变化的程度，多用于分析客运需求。计算方法为：

$$\text{运输需求的收入弹性系数}=\frac{\text{运输需求量变动率}}{\text{收入变动率}}$$

即：

$$E_I=\frac{\Delta Q/Q}{\Delta I/I} \tag{3-8}$$

式中：I 为收入，ΔI 为收入的变动量。

旅客运输需求在很大程度上取决于居民的收入水平，运输需求的收入弹性一般为正值，当收入水平增加时，出行的需求将会随之增加，反之亦然。伴随收入变化的出行需求可以用运输需求收入弹性系数进行分析，即运输需求的收入弹性系数能够反映居民收入变化与运输需求变化的关系。

需要注意的是，当收入变化后，不仅运输需求量会发生变化，人们在出行方式的选择上也会发生变化，即对不同运输方式的需求量也会发生变化。

3. 运输需求的交叉弹性

运输需求的交叉弹性是用于衡量某种运输方式运输需求量变动相对于其他运输方式运价变动敏感程度的一种测量方法。由于不同运输方式间具有替代效应，当两点之间的运输有两种或两种以上交通工具的选择时，不同运输方式间一些经营方式和手段的调整（如价格等），就会影响运量在它们之间的分配关系。例如，当两地之间既有民航运输又有铁路运输时，民航票价变动对铁路旅客运量产生影响，它们之间的交叉影响可以用交叉弹性来量度，表示为：

$$E_{PYX}=\frac{\Delta Q_Y/Q_Y}{\Delta P_X/P_X} \tag{3-9}$$

式中：E_{PYX}为 X 的价格变动引起 Y 的需求量变动的反应程度。

点交叉弹性
$$e_{PXY}=\frac{\mathrm{d}Q_Y}{\mathrm{d}P_X}\cdot\frac{P_X}{Q_Y} \tag{3-10}$$

弧交叉弹性
$$E_{PXY}=\frac{Q_{Y_2}-Q_{Y_1}}{P_{X_2}-P_{X_1}}\cdot\frac{P_{X_1}+P_{X_2}}{Q_{Y_1}+Q_{Y_2}} \tag{3-11}$$

式中：Q_Y、ΔQ_Y 分别为被替代的第 Y 种运输服务需求及其变化量；P_X、ΔP_X 分别为可替代的第 X 种运输服务的价格及其变化量。

不同交叉弹性具有不同的经济意义。

① 交叉弹性为正值，即 $E_{XY}>0$，说明运输服务 X 的价格变动将引起运输服务 Y 的需求产生同方向变动。

② 交叉弹性为负值，即 $E_{XY}<0$，说明运输服务 X 的价格变动将引起运输服务 Y 的需求产生反方向变动。

③ 交叉弹性为零，即 $E_{XY}=0$，说明运输服务 X 的价格变动对运输服务 Y 的需求量没有影响。

交叉弹性分析不仅可以测量运价变化对运输需求量的影响，也可以测量其他因素，如时间等因素对运输需求的影响。通过相关分析，促使运输企业制定和调整相关的经营战略与策略。

交叉弹性分析既可以用于分析旅客运输，也可以用于分析货物运输。

复习思考题

1. 简述运输需求的含义和特征。
2. 影响旅客和货物运输需求的因素有哪些？
3. 运输需求弹性有哪些？应如何计算？

第4章

铁路运输供给

【思政目标】

学习党的二十大务实创新、解决问题的精神，通过掌握铁路运输供给的理论知识及影响因素，探究如何达到铁路运输供给与需求的平衡。

【内容概要】

供给是生产企业在既有资源配置条件下，根据市场需求，通过合理的生产组织所能提供的产品数量。铁路运输供给除受铁路线路长度、车站数量，以及技术条件、空间分布的影响外，还受机车车辆数量、运输组织技术、气候条件等因素的制约。

【学习重点与难点】

学习重点：分析铁路运输供给的特征与规律、影响铁路运输供给的因素等内容。

学习难点：如何达到铁路运输供给与需求的平衡。

4.1 铁路运输供给的内涵

4.1.1 铁路运输供给的概念

铁路运输供给是指铁路运输生产企业在特定的时期内，在一定的价格水平上，愿意并有能力提供的各种运输产品的数量。

供给包含两个层次的含义，在微观层次上表示一家企业在一定的价格下所愿意出售的物品数量；在宏观层次上是指市场中的所有企业在一定价格下愿意提供的物品总量，又称市场供给。铁路运输供给的概念也包括这两个层次的含义。

1. 运输供给的划分

1）按范围划分

运输供给从范围上可分为个别供给、局部供给和运输总供给。

（1）个别供给是指特定的运输生产者所能提供的运输产品或服务。

（2）局部供给是指某个地区的运输生产者所能提供的运输产品或服务，或者是某种运输方式所能提供的运输产品或服务。

（3）运输总供给是从全社会、整个国民经济角度来考察的运输供给，它是千千万万个运输生产者从不同角度、不同地区、不同运输方式所提供的个别供给和局部供给的总和。

2）按地域划分

运输供给从地域上可分为区域内的运输供给、区域间的运输供给和为客货流通过（过境）所提供的运输供给。

区域内的运输供给是指所提供的客货运输的起讫点均在本地区内；区域间的运输供给是指所提供的客货运输的起讫点有一方在本地区，另一方在其他地区，它是区域间建立经济、社会和文化等各方面关系的必要条件；通过（过境）供给是指客货运输的起讫点都不在本地区（国家），运输生产者只是利用其自身所处的独特的地理位置和特定的交通线路为别的地区（国家）的旅客或货物提供位移的方便。一般来说，在重要的交通枢纽和重要的运输通道上都会有大量此类的运输供给。

3）按性质划分

运输供给按性质划分，可分为生产性的运输供给和消费性的运输供给。

运输生产者所提供的货物运输一般都属于生产性的运输供给，它属于生产过程在流通领域中的继续；运输生产者所提供的旅客运输既有生产性的运输供给，也有消费性的运输供给，前者如为通勤、出差等提供的运输供给；后者如为休闲、度假、旅游等提供的运输供给。

2. 铁路运输供给的内容

铁路运输供给包含运输供给的数量、运输布局和运输管理体制。

铁路运输供给包含运输供给的数量通常用运输能力表示。铁路运输供给的能力由运输基础设施和机车车辆两部分构成，虽然在管理体制上，运输基础设施与运输工具的管理可能分离，但是在运输生产能力的形成上，两者是紧密结合、缺一不可的。

铁路运输基础设施包括铁路线路和车站两部分，线路的通过能力以每昼夜通过列车的对数表示，车站的客运（货运）能力以每昼夜发送/到达的旅客人数（货物吨数）表示，其中车站的货运能力主要受装卸设备、仓库能力等的制约。线路与车站的能力是相匹配的。

机车车辆的供给能力包括机车车辆的数量和机车的牵引力、车辆的装载能力。机车的牵引力决定列车的总重，进而决定每列列车可以运载的旅客（货物）数量的上限。但这一数量与线路的纵向坡度、平面曲线有关。

一条线路的供给能力，是一年中该线路上运行的旅客列车数与其平均载客量的乘积和货物列车数与其平均载货吨数的乘积之和。整个路网的供给能力是构成路网的各条线路供给能力的总和。

由于受客货运输需求空间分布及时间分布的影响，铁路每年完成的换算周转量（旅客周转量、货物周转量、行包周转量之和）小于铁路总供给能力。

2021 年，全国铁路完成旅客发送量 26.12 亿人，完成旅客周转量 9 567.81 亿人 · km；完成货物总发送量 47.74 亿 t，完成货物总周转量 33 238.00 亿 t · km。

2020 年年末全国铁路营业里程达到 14.63 万 km，比 2019 年增长 5.25%，其中高铁营业里程为 3.8 万 km，复线率为 59.5%，电气化率为 72.8%。全国铁路路网密度为 152.3 km /万 km^2，比上年增加 6.8 km /万 km^2。

4.1.2　运输供给的特征与规律

1. 不可储存性

铁路运输市场出售的不是实物产品，而是不具有实物形态、不能储存、不能调拨的运输服务，消费者在运输市场中的购买，不是为了直接占有运输产品，而是通过运输实现旅客和货物的“位移”。铁路运输业并不像工农业那样改变劳动对象本身的性质和形态，只是改变劳动对象（旅客和货物）在空间和时间上的存在状态，具体体现在空间位置的移动，即“位移”。但位移并不是任何抽象、笼统的位移或运输，而是有具体条件的，包括目的地、时间等要求和规定的场所变动。运输服务的供给过程和运输服务的消费过程融合在一起，二者不可从时空上进行分离。同时，运输服务又具有矢量的特征，不同的起始点和目的地之间的运输形成了不同的运输产品，它们之间不能相互替代。因此，不存在任何可以存储、转移或调拨的运输“产成品”，运输服务的供给只能以提高运输效率或新增运输能力来适应不断增长的运输市场需求。即使这样，当面对变幻莫测的运输需求时，运输服务的不可储存性带来的困难仍然难以克服。

2. 服务与消费的同时性

铁路运输的服务与消费过程是同时进行、合二为一的。铁路运输产品的生产和消费过程不可分离的特征对运输服务的质量提出了特殊要求。当旅客发现运输服务质量较差时，其往往已经身处运输过程之中，一般很难立即退出该过程，改变自己的行程安排；货主发现运输质量有问题时，更是在运输过程完成之后。这使得旅客和货主不能像普通商品的消费者那样，把质量不符合标准的商品拿回去退换，只能消费自己事先选择的运输过程，不管它是时间上的延误、感觉上的不舒适或是货损货差。如果运输过程中发生安全方面的事故，更会带来无法弥补的生命或财产的损失，运输产品的这种特性使运输市场上对运输质量的要求更加严格，特别是事前对运输业者提供服务的监督和检查比在其他市场上更为重要，以切实保护消费者的利益。为了在发生意外事故时尽可能补偿旅客或货主的经济损失，各国的运输市场还普遍实行了运输保险制度，有些甚至采取强制性保险的方式。

3. 网络性

运输市场既有空间广泛性，又有具体位移的特定性。运输产品进行交换的场所，是纵横交错、遍布各地的运输线路和结点，形成了一个交通运输网络。客运市场交换主要集中在车站、码头、机场等地；货运市场更为分散，哪里有货物运输需求，哪里就会有形成货运交易场所的运力。但旅客和货物位移是具体的，只有相同的旅客和货物在相同起运、终到地点的运输才是相同的运输产品。不能用运水果代替运石油，也不能用兰州向乌鲁木齐的运输代替广州向上海的运输，甚至在同一运输线路上不同方向的运输也是完全不同的运输产品，然而同一种运输产品可以由不同的运输方式提供，并行的几种运输工具可以提供相同但在质量

（运输速度、方便、舒适程度等）上有差别的运输产品。在具体的运输市场上，不同的运输生产者的竞争，不仅发生在同一部门内部的不同企业之间，也发生在不同的运输方式之间。可以互相替代的运输工具共同组成运输市场上的供给方，它们之间存在合作竞争关系。因此，交通运输供给是分散在交通运输网络上的，这样的网络包括运输线路和结点。

4. 整体性

铁路运输供给的整体性主要表现在两个方面。① 铁路运输基础设施与运载工具能力相互匹配，形成不可分割的整体，才能提供铁路运输供给，任何单方面的基础设施或运载工具均无法提供有效的铁路运输供给。② 铁路运输基础设施具有整体性。基础设施的建设应该统一规划、统一设计、相互配套，共同形成生产能力。如果设计和规划时没有整体观念，就会造成在一些地区或线路上的能力紧张，成为运输供给的“瓶颈”，从而影响整个铁路网的供给能力。

5. 部分可替代性

现代交通运输市场中有铁路、公路、水路、管道、航空多种运输方式及多个运输供给者存在，有时几种运输方式或多个运输供给者都能完成同一运输对象的空间位移，于是这些运输供给之间存在一定程度的可替代性，这种可替代性构成了运输方式之间竞争的基础。当然，由于运输产品具有时间上的规定性和空间上的方向性，因此不同运输供给方式的替代性受到限制。由于各种运输方式的技术经济特征、发展水平、运输费用和在运输网络中的分工不同，所以运输方式之间的替代是有一定条件的。对于客运来说，旅客在旅行费用、服务质量、旅行速度之间进行权衡，选择运输方式；对于货运来说，运输费用、运输速度、方便程度是选择运输方式的依据。因此，各种运输方式之间存在的既不是绝对的异功能的协同关系，也不是绝对的同功能的竞争关系，而是有时呈现竞争性，有时又为协同性。此外，运输服务的消费者通常还拥有其他的选择权利，决定是否改变他们的生产方式和生产地点，或者改变他们的居住、工作地点和消费方式。

6. 外部性

如果某人或企业从事经济活动时，给其他个体或社会带来危害或利益，而其并未因此支付相应的成本或得到相应的报酬，经济学将这种现象称为存在外部性。外部性是指个人或企业不必完全承担其决策成本或不能充分享有其决策成效，即成本或收益不能完全内生化的情形。外部性分为两种类型：负外部性和正外部性。个人或企业不必承担其行为带来的成本是负外部性；个人或企业不能得到其决策和行为带来的额外收益则是正外部性。

铁路运输供给既有负外部性特点，也有正外部性特点。铁路运输供给的负外部性表现在两个方面。一方面，当运输生产商超额生产时，一部分运输成本转嫁到消费者身上。由于运输生产者不能储存运输产品，只能储存运输能力，而运输能力在特定时期内是相对稳定的。因此，当运输需求高峰期到来时，运输供给在较大范围内超额生产，但伴随而至的是运输条件的恶化，运输服务质量的下降，使得本应该由运输企业承担的成本部分地转嫁到消费者身上。另一方面，由于交通运输活动带来的空气、水、噪声等环境污染，能源和其他资源过度消耗，以及交通堵塞等成本消耗也部分地转移到运输业的外部成本中。

交通运输供给的正外部性也比较明显。例如，一条铁路的建设，使原本和外界联系不畅的某些地区的交通条件大为改善，从而对这些地区的经济和人们的生活带来了极大的方便，刺激了当地经济的发展，提高了居民的收入。而这些收益铁路部门并没有获得，是铁路运输的正外部性效益。

4.2 影响铁路运输供给的因素

4.2.1 铁路运输供给规划

为适应全面建设社会主义现代化国家的目标要求，铁路网要扩大规模，完善结构，提高质量，快速扩充运输能力，迅速提高装备水平。《中长期铁路网规划》计划到 2025 年，铁路网规模达到 17.5 万 km 左右，其中高速铁路为 3.8 万 km 左右，网络覆盖进一步扩大，路网结构更加优化，骨干作用更加显著，更好发挥铁路对经济社会发展的保障作用；展望到 2030 年，基本实现内外互联互通、区际多路畅通、省会高铁连通、地市快速通达、县域基本覆盖；普速铁路网规模达到 13.1 万 km 左右，并规划实施既有线扩能改造 2 万 km 左右；到 2030 年，远期铁路网规模将达到 20 万 km 左右，其中高速铁路为 4.5 万 km 左右。

1. 高速铁路网

在原规划“四纵四横”主骨架基础上，增加客流支撑、标准适宜、发展需要的高速铁路，同时充分利用既有铁路，形成了以“八纵八横”主通道为骨架、区域连接线衔接、城际铁路补充的高速铁路网。

一是构建了“八纵八横”高速铁路主通道。“八纵”通道为：沿海通道、京沪通道、京港（台）通道、京哈—京港澳通道、呼南通道、京昆通道、包（银）海通道、兰（西）广通道；“八横”通道为：绥满通道、京兰通道、青银通道、陆桥通道、沿江通道、沪昆通道、厦渝通道、广昆通道。

二是拓展区域铁路连接线。在“八纵八横”主通道的基础上，规划布局高速铁路区域连接线，目的是进一步完善路网，扩大高速铁路覆盖。

三是发展城际客运铁路。在优先利用高速铁路、普速铁路开行城际列车，服务城际功能的同时，规划建设支撑和引领新型城镇化发展、有效连接大中城市与中心城镇、服务通勤功能的城市群城际客运铁路。

2. 普速铁路网

重点围绕扩大中西部路网覆盖，完善东部网络布局，提升既有路网质量，推进周边互联互通。

具体规划方案如下。

一是形成区际快捷大能力通道。包含 12 条跨区域、多径路、便捷化的大能力区际通道。

二是面向“一带一路”国际通道。从西北、西南、东北、沿海四个方向推进我国与周边互联互通，完善口岸配套设施，强化沿海港口后方通道。

三是促进脱贫攻坚和国土开发铁路。从扩大路网覆盖面、完善进出西藏、新疆通道和促进沿边开发开放 3 个方面提出了一批规划项目。

四是强化铁路集疏运系统。规划建设地区开发性铁路以及疏港型、园区型等支线铁路，完善集疏运系统。

3. 综合交通枢纽

枢纽是铁路网的重要节点，为更好发挥铁路网整体效能，配套点线能力，本次规划修编按照“客内货外”的原则，进一步优化铁路客、货运枢纽布局，形成系统配套、一体便捷、站城融合的现代化综合交通枢纽，实现客运换乘“零距离”、物流衔接“无缝化”、运输服务“一体化”。

4.2.2 铁路运输布局分析

我国东部地区经济发达、人口稠密，对交通运输需求量大，且东部地区相对来说地势较为平坦，铁路修建的难度较低；西部地区经济落后、人口稀疏，对交通运输需求量小，且西部地区相对来说地势崎岖，铁路修建的难度较大。铁路网中点线布局的决定性因素是需求、是社会经济因素，自然因素是制约性因素，技术的发展可以在一定程度上克服不利自然条件的影响，同时可有效地保护环境。

我国铁路网的空间扩展及分布大致经历了 4 个阶段：起步阶段、局部成网阶段、网络扩展与延伸阶段和构筑通道阶段。

我国改革开放以来，特别是 1985 年以来进入第四阶段，属于提升通道与扩展铁路网并重阶段。目前，中国铁路建设进入新的发展时期，主要标志是现代化运输通道的建设，形成了层次分明的空间网络结构。同时，铁路网也保持了较高的扩展速度，平均年增铁路里程在 1 000 km 以上，铁路干线基本建成。到目前，已经形成京哈、京沪、京九、京广、大（同）湛（江）、包柳、兰昆、京兰、煤运北通道、煤运南通道、陆桥铁路（陇海和兰新）、沪昆、西南出海通道等运输走廊，是中国铁路网的“主干”。

中国铁路网空间布局沿东北、华东、华南、西南、西北方向扩展，空间覆盖面不断扩大。截至 1949 年年底，全国共有可以营运铁路 21 810 km，铁路网伸展的区域达到 23 个省（自治区、直辖市），只有福建、海南、新疆、青海、宁夏、贵州、重庆、西藏 8 个省（自治区、直辖市）没有铁路[①]计算，不包括港澳台地区，随着 1962 年兰新铁路修到乌鲁木齐，铁路网覆盖的区域达 30 个省（自治区、直辖市），只有西藏没有铁路。2006 年，青藏铁路

① 按现在的 31 个省（自治区、直辖市）的行政区划计算。

的建成通车，使铁路网扩展到所有的省级行政区，从1962—2006年建成青藏铁路，其间经过了44年。

从发展趋势看，中国铁路网未来发展的重点是优化网络结构，而不是大量建设新线。近几十年来，中国铁路网络空间格局发生了重大变化，铁路发展由东北持续向华东、华南、西南和西北蔓延。1985年以来，铁路网结构基本趋于稳定，目前所形成的铁路网络空间格局在未来将不会发生很大变化，西部地区以铁路网拓展和提高通达性为主，沿海和中部地区以完善铁路网布局、提高铁路能力、建设高速铁路为主。

我国西部地区幅员辽阔，铁路通达性状况仍较差，因此西部地区以增建新线为主。未来充分利用西部大开发的机遇，加速发展西部交通，是带动经济发展和提高人们生活水平的有效手段，规划新建的新线主要在西部地区，完善西部地区的铁路网络，形成新的运输通道，加强内部及与中部、沿海和国际之间的联系。

沿海和中部地区完善铁路网布局，新线建设以高速铁路和客运专线为主，规划新建的客运专线集中在沿海和中部地区。我国海岸线长，沿海是经济发达的地区，加强沿海和沿江铁路的建设，是今后这一地区铁路建设的重要任务。中部地区起到承东启西、连接南北的作用，新建的东西向和南北向铁路通道大多经过该地区，同时需要建设通道间的联络线。

截至2015年年底，一个横贯东西、沟通南北、干支结合的具有相当规模的铁路运输网络已经形成并加快其完善步伐。

东北经济区包括东北3省及内蒙古东部，面积124.0万km^2，是中国能源、钢铁、木材和粮食生产基地。铁路营业里程19 400 km，占全国铁路营业里程的16.3%，路网密度156.5 km/万km^2，其中滨洲、滨绥、京哈和沈大线组成“才”字形主通路，加上平齐、大郑、沈吉、长图、哈佳、京通、京承锦、集通、通让等30多条干线，铁路网结构基本完善。但东北地区不少主要干线能力仍然比较紧张。

环渤海经济区包括北京、天津、河北、山西、辽宁、山东和内蒙古中部，面积为133.5万km^2，是中国经济较发达地区。其铁路是中国铁路网的中心，大量主要干线经由本区，如煤运通道的大秦线，石太、石德、胶济线，邯长、邯济线，侯月、新月、新菏、菏兖日线，南北通道的京山、沈山、哈大线，京沪线，京广线，京九线，南北同蒲线，以及京通线、集通线、京承锦线、丰沙大线、京原线等。铁路营业里程30 700 km，占全国铁路营业里程的25.8%，路网密度229.9 km/万km^2，铁路网布局基本趋于完善。

长江三角洲及沿长江经济区包括上海、浙江、江苏、安徽、江西、湖南、湖北、四川和重庆7省2市，面积为148.4万km^2，区内长江中下游地区是中国经济的发达地区之一。铁路营业里程28 900 km，占全国铁路营业里程的24.3%，路网密度194.7 km/万km^2。经由本区的铁路除浙赣、襄渝、汉丹、武大、合九、西合等线路外，主要为南北向铁路干线，主要通道能力紧张。

东南沿海经济区包括福建、广东两省，面积为29.9万km^2。该地区地理环境优越，毗邻港澳台地区，是我国改革开放的门户，经济发展居全国领先地位。已形成京广、京九南段，以及广深、鹰厦、外福、横南、三茂、广梅汕和赣龙等干线组成的区域铁路网，营业里程7 200 km，占全国铁路营业里程的6.1%，路网密度242.0 km/万km^2。

中部5省经济区包括安徽、江西、河南、湖南、湖北，地处中国腹地，面积为87.1万km^2，属经济、交通较发达地区。已形成京广、京沪、京九、焦柳4条南北运输通道，以及陇海、沪昆、新月—新菏兖、西安—合肥、襄渝—汉丹—武九—南京 5 条东西运输通道组成的“四纵五横”主骨架，铁路营业里程 22 100 km，占全国铁路营业里程的 18.6%，路网密度 253.5 km/万 km^2，布局趋于完善。

西南及华南部分省区包括四川、贵州、云南、广西、西藏、海南、重庆 7 省市及广东部分地区，面积 261.0 万 km^2，占全国的 27.2%，区内经济不发达和贫困地区多。地形复杂和交通不便是制约该地区经济发展的重要因素。其铁路营业里程 19 000 km，占全国铁路营业里程的 16.0%，路网密度 73.0 km/万 km^2。本区东部铁路网骨架虽已形成，但路网密度偏小，部分干线能力紧张。

西北经济区包括甘肃、青海、陕西、宁夏、新疆 5 省区及内蒙古西部，面积 344.0 万 km^2，占全国的 36%。该地区经济基础薄弱，属经济不发达地区，交通基础设施比较落后。铁路营业里程 20 500 km，占全国铁路营业里程的 17.2%，路网密度 59.5 km/万 km^2，是中国铁路唯一未成网的地区，甚至连骨架都未形成。

4.2.3 影响铁路运输供给的因素

1. 经济因素

经济总水平是影响运输供给的决定性因素，国家或地区的经济状况是运输供给发展的基本条件。经济发展使运输需求增加的同时，要求增大对运输供给的投入。经济因素主要是指一个国家或地区的宏观经济状况，主要包括经济发展、社会生产方式、工业基础、经济能力、经济结构、居民收入、消费者结构等方面的情况。

2. 政治因素

政治对运输的影响主要表现在国家国防发展的要求和运输政策对运输供给的影响方面。运输政策规定了运输业发展的方式、速度、规模、结构等，对一个国家运输业的发展产生重大影响。政治因素泛指那些有一定影响力的国际政治活动、重大经济政策的发展计划，以及政府的法令、政治措施等，主要包括国际形势的变化，战争的影响，国内重大政治事件和国家的重大经济政策，如产业政策、税收政策、货币政策。

3. 技术因素

技术是推动社会发展的重要力量。技术进步有两层含义：生产某种产品的新的更有效方式（包括生产产品新的方法）和经济组织、营销和管理方式的改进。技术对运输供给的影响主要表现在运输基础设施和运输工具的技术水平和管理水平上。铁路部门和企业在工程建造、高速列车、列车控制、客站建设、系统集成、运营管理、调度指挥等领域形成了一批具有自主知识产权的技术。

4. 市场价格因素

运输服务价格、运输服务成本、运输的相关市场价格等。主要包括生产成本、供求因素、垄断因素、通货膨胀因素等。

4.3 铁路运输供需平衡

4.3.1 铁路运输需求与供给的时空差异

铁路运输需求与供给的时空差异性，是由于运输需求在运输时间上的规律性、在运输方向上的单向性，个别运输需求对运输工具的适应性等，所造成的运输需求与运输供给不匹配所形成的运输生产的时空差异。

运输需求的不平衡性既表现在时间上也表现在空间上。运输需求的季节性不平衡，导致运输需求出现高峰与低谷。由于经济和贸易发展的不平衡性及各地产业的不同特点，运输需求在不同地区之间也呈现出一定的不平衡性。

运输需求的不平衡性还表现在运输方向上。例如，矿区对外运矿的需求远远大于其他生产及生活资料的向内运输，加上有些运输需求对运输工具的特殊要求等，导致回程运力浪费。由于供给与需求之间，在时间、空间的差异性所造成的生产与消费的差异，使运输供给必须承担运力损失、空载行驶等经济上的风险。运输活动的经济效果取决于供需在时间与空间上的正确结合。

运输供给由铁路、公路、水路、航空、管道等多种运输方式和多个运输生产者的生产能力构成。有时存在可分别由几种运输方式的多个运输生产者完成同一运输对象的空间位移，即运输供给之间存在着替代性，这种替代性构成了运输业者之间竞争的基础。同时，由于运输产品在时间、空间上的限制，以及人们对运输服务的经济性、方便性和舒适性的要求等，使不同运输方式之间或同一运输方式中替代性受到限制，这种限制又使每种运输方式之间或同种运输方式中具有差别的运输服务都可能在某一领域的运输供给上形成一定程度的垄断。因此，运输市场的供给之间存在竞争，也存在垄断。

运输业是通过储存运力来适应市场需求变化的，而运输能力大多按运输高峰的需求设计，具有一定的超前量。运输基础设施与运载工具相互依存，形成不可分割的整体。运输能力的超前建设与运输能力的储备对运输市场来说，既可适应市场需求增长的机遇，又可能因市场供过于求而产生风险。

运输供给的规律表现在经济的发展产生更大的运输需求，为运输供给提供了发展空间，运输供给的增加又为经济的进一步发展提供了基本保障；不能移动的运输基础设施只是与特定地理位置的运输市场相关，在运输基础设施领域的投资一般只能增加特定地理位置或区域的运输能力，而并不能同时增加整个运输系统的运输能力；在空间上，铁路运输供给是从无到有、从单通道到成环、从成环到结网；在能力上，铁路运输供给是跳跃式增长。

4.3.2 铁路运输需求与供给分析

1. 铁路网密度低

我国铁路运营里程少，铁路网整体能力长期紧张。

2. 机车车辆负荷大

铁路机车、客车、货车承担负荷远超国际水平。

3. 西部及西南地区铁路网薄弱

目前，西南地区北、东、南三条对外通道中，多为20世纪五六十年代建设，技术标准低，运输能力小，迂回性差。

铁路运输是我国综合运输体系的重要组成部分，在中长途旅客运输和大宗货物运输中具有不可替代的优势和作用。

复习思考题

1. 铁路运输供给的特征是什么？
2. 铁路运输供给有什么规律？
3. 影响铁路运输供给的因素有哪些？

第5章

铁路运输成本管理

【思政目标】

学习党的二十大求知求真、实践创新的精神，掌握铁路运输成本的特点及其计算、铁路运输成本的管理与控制方法和影响铁路运输成本的因素。

【内容概要】

成本分析与计算是铁路运输经济学研究的重要内容之一，是对铁路运输生产活动进行经济效益分析的基础。

本章主要介绍铁路运输成本的特点及其计算、铁路运输成本的管理与控制方法和影响铁路运输成本的因素。

【学习重点与难点】

学习重点：铁路运输成本的特点及其计算、铁路运输成本的管理与控制方法和影响铁路运输成本的因素。

学习难点：铁路运输成本的计算。

5.1 铁路运输成本

运输企业在一定时间内完成一定客货运输量的全部费用支出，称为该期运输总成本。单位运输产品分摊的运输费用支出，称为单位运输产品成本，简称运输成本。

铁路运输企业完成单位运输产品的运输支出，通常以完成每吨公里、每人公里的运输量所需要的费用支出表示。

运输成本是制定货物运输价格的重要依据，一般是指完成单位运输产品或旅客应分摊的运输支出。运输成本的特点是不包含原材料费用，而燃料、工资、折旧及修理等项支出占的比重较大。在各种不同的运输工具或运输方式之间，运输成本存在着一定的差别，也存在着各种比价关系。例如：铁路货物，货运划分为货物种类、整车、零担和集装箱等运输成本；客运划分为硬座、硬卧、软座、软卧等运输成本；水运划分为内河、沿海运输成本，也有按不同航线计算的拖驳、油轮等运输成本；汽车运输，除单车成本外，有的还计算分线路和区域的运输成本；民航空，除计算各种机型成本外，还计算专业飞行成本。合理的比价，对于货源分配、货物流向，以及各种运输工具效率的充分发挥，起着十分重要的作用。

5.1.1 运输成本的意义

任何产品的生产过程同时也是生产的劳动消耗过程，包括物化劳动和活劳动的消耗。产品成本就是商品生产中耗费的物化劳动和活劳动中必要劳动的货币表现。

根据价值规律，生产某种产品所消耗的社会必要劳动量，就构成这种产品的价值。它由3个部分组成，即生产过程中消耗的生产资料转移价值（C）；劳动者在劳动消耗中为满足个人生活需要，以工资等形式分配给劳动者所创造的价值（V）；劳动者在劳动消耗中为满足社会需要，以税金、利润等形式上缴国家所创造的价值（M）。以上两部分（$C+V$）构成产品成本，后一部分（M）形成企业的盈利。

在实际工作中，为了实现企业以自己的收入弥补支出并有盈利的经济核算要求，成本构成除上述“$C+V$”外，国家制定的成本开支范围还规定有一些附加因素。它不仅限于生产物质资源的消耗，而且还包括销售活动中的消耗和生产经营活动中的一般管理费用，有一些并不形成产品价值的费用，如废品损失、停工费用、坏账损失等也可列入成本；还有一些实际上属于国民收入再分配形式的利息等也可列入成本；有些属于政策、法令性开支也要在成本中列支。

运输企业为完成客运、货运业务所消耗的以货币形式表现的一切费用称为运输支出，一定期间的运输支出，即该期间的运输总成本；单位运输产品所分摊的运输支出，即单位运输产品成本。

① 运输成本是一个重要的综合性质量指标，它能比较全面地反映铁路运输企业生产技术和经营管理水平。

② 运输成本是反映运输过程消耗及其补偿的重要尺度。

③ 运输成本是制定和调整运价的重要依据。

④ 运输成本是进行技术经济分析、评价经济效果和进行决策的重要依据，也是进行各种运输方式运量分配和合理生产力布局的重要因素。

⑤ 运输成本也是考核和改善企业经营管理水平的有力杠杆。

5.1.2 运输成本的特点

1. 计算对象和计算单位特点

从成本计算对象和计算单位看，运输业的产品是旅客和货物位移，运输成本的计算对象是旅客和货物运输两大类产品，或者是把客货运输综合在一起的换算产品成本。运输生产成果是其所完成的运量和周转量，其经济效益又体现在以吨（人）公里为计量单位的劳动消耗上（单位运输成本）。客货运输的混合支出在运输支出中所占比重较大，在分别计算客货运输成本时，要把混合支出予以分开。因此，需要分配计入的支出所占比重较大。

2. 成本构成特点

从成本构成的内容看，铁路运输过程是使旅客和货物发生位移，并不产生别的有形物质，运输业的产品不具有实物形态，运输成本中没有构成产品实体的原材料，没有原材料支出，固定资产折旧费占有较大比重。

3. 成本与运输量关系特点

从成本与运输量的关系看，单位运输成本随运输量的增长而降低。按照铁路运输支出与行车量的关系，铁路运输成本由与行车量有关支出和与行车量无关支出所组成。在一定时期内，与行车量无关支出可视为一个常数。当运量下降时，成本中与行车量无关支出所占比重增加，单位运输成本就提高；当运量增长时，成本中与行车量无关支出所占比重就减少，单位运输成本便降低。

4. 成本与运输距离特点

从成本与运输距离的关系看，单位运输成本和运输距离表现为递远递减的关系。按照运输生产作业过程，铁路运输成本由始发和到达作业支出、中转作业支出、运行作业支出 3 个部分组成。其中，运行作业支出所占比重最大，它随运输距离的长短而增减；始发、到达作业支出对于运送同一批货物来说，不随运输距离而变化；中转作业支出随中转次数增加而增加。运输距离越长，成本中始发、到达作业支出所占比重越小，反之则越大。

5. 成本完整性特点

全国铁路的运输成本反映的是完整的成本。铁路运输常常要跨越几条铁路线，由几个铁路运输企业共同配合完成，因此运输支出应由有关铁路运输企业共同负担。所以，全国铁路的运输成本才是完整的成本，而各铁路运输企业的成本则是相对完整的成本。

5.1.3 运输成本的分类与范围

1. 运输成本的分类

按运输方式，运输成本分为铁路运输成本，公路运输成本，海运、内河和远洋运输成本，航空运输成本，管道运输成本。

按客货运输任务，运输成本分为旅客运输成本、货物运输成本、客货换算运输成本。

按所运货物品类，运输成本分为煤炭运输成本、石油运输成本等。

按运输工具，运输成本分为铁路列车运输成本、公路汽车单车运输成本、水运单船运输成本等。

2. 运输成本的范围

运输成本包括的支出范围一般有：

① 办理旅客和货物运输的费用；

② 运输准备工作和车、船运行中的费用；

③ 运输生产单位固定资产的折旧费和维持保养费用；

④ 运输生产单位的生产费和管理费。

生产费是运输生产过程所发生的全部费用，它又分为基本生产费和一般生产费两种。前者是指运输生产过程中，运营、维修发生的直接费用；后者是指为基本运输生产服务的辅助生产费用，如生产工具备品和劳动保护费等。管理费则是指组织和管理运输生产而发生的各种费用。

这些费用按支出要素构成分为工资、材料、燃料、电力、折旧和其他。

5.2 铁路运输成本计算

5.2.1 运输成本计算的种类

1. 按成本计算的任务与目的划分

根据成本计算的任务与目的不同，运输成本计算可分为定期的成本计算与非定期的成本计算两大类。

定期的成本计算是为了考核某运输企业的平均运输产品成本的耗费和经营管理水平，是按照规定的期间，如年度、季度按期进行的，包括按期计算的综合平均运输成本，如换算吨公里成本、客运人公里成本、货运吨公里成本等。

非定期的成本计算不是按期进行的，是为解决某些特定的任务而进行的成本计算。例如，为制定运价需要计算煤炭、焦炭、钢铁、石油、粮食等各类货物在不同运输距离时的运输成本；为评价合理运输方案需要计算区段别的运输成本等。由于所要解决的任务不同，又有各种不同的计算种类和方法。

2. 按成本计算的时间与依据资料划分

根据成本计算的时间、使用的资料和所起的作用不同，运输成本可分为计划成本计算（或目标成本、预计成本计算）和实际成本计算两种。

计划成本计算是在计划期开始之前，以计划运输任务和各项计划工作量为基础，按照计划定额和计划单价等有关资料进行的成本计算。

实际成本计算是在决算期终止之后，根据实际完成的各项运营统计和运输支出决算资料进行的成本计算。

3. 按成本计算的内容与范围划分

按照成本计算的内容及范围，有综合运输成本计算与各种单项（或专项）成本计算之分。

4. 按成本计算的完整性划分

根据成本包括的费用是否完整，还可以分为完全成本（或全部成本）计算与不完全成本计算两种。完全成本计算是把所有属于成本开支范围内的一切费用都计入成本，而不完全成本则只计算与分析比较有关的部分费用，并不把全部费用计算在内。

5.2.2 定期成本计算

1. 换算吨公里成本的计算

$$换算吨公里成本=运输支出总额/换算周转量$$

2. 旅客人公里和货物吨公里成本的计算

$$旅客人公里成本=\frac{客运支出总额}{旅客总周转量}$$

$$货物吨公里成本=\frac{货运支出总额}{货物周转量}$$

根据现行规定，铁路关于客货运输支出的划分办法列举如下。

① 直接列入客运的支出。该支出包括车站及列车的旅客服务、卧具、行李包裹运送、专运费、客运机车乘务组工资、客运机车运转用燃料和电力、客运机车运转用油脂、旅客渡江航渡，客车修理费、客车折旧费等费用。

② 直接列入货运的支出。该支出包括整车、零担、集装箱货物运输，易腐货物运输，货车篷布及集装箱使用费，军运费，国际联运杂项支出，货运机车乘务员工资，货运机车运转用燃料和电力，货运机车运转用油脂，其余航渡费，货车修理费，货车使用费，货车折旧费，驼峰电务设备维修费等费用。

③ 按各种机车客货运总重吨公里比例分配的支出。该支出包括分蒸汽、内燃和电力机车的机车整备，机车软水用药（不分配电力机车），机车折旧费；用蒸汽机车和内燃机车合计的客货运总重吨公里比例分配的支出，运输用水，用蒸汽、内燃、电力机车综合的客货运总重吨公里比例分配的支出，工务费合计（含一般生产费和管理费）等。

④ 按各种机车客货运总走行公里比例分配的支出。该支出包括分蒸汽、内燃和电力机车的洗修（定修）、架修，只分内燃机车和电力机车的技术服务，按各种机车合计的客货运总走行比例分配的支出，机车轮对修理，机车技术措施。

⑤ 按各种机车客货运调车公里比例分配的支出。该支出包括分蒸汽机车和内燃机车的专用调车机车乘务组工资、机车运转用燃料、机车运转用油脂，各种牵引机车客货运调车公里合计比例分配的支出，车站调车。

⑥ 按客货运列车公里（本务机车公里）比例分配的支出。该支出包括车站运转、列车运行、运输调度人员经费，电务费合计（含一般生产费和管理费）。

⑦ 按客货运周转量比例分配的支出。该支出包括救援列车、电力设备运用和维修，房建费合计等。

⑧ 按电力机车客货运用电力比例分配的支出。该支出包括电力机车供电设备运用、维修和折旧费。

⑨ 按客货运基本生产人员（或基本生产费）比例分配的支出。该支出包括运输和机务

部门的一般生产费与管理费等。

3. 基层运营单位成本的计算

基层运营单位的成本计算是与其完成工作量的清算办法直接关联的。

计算基层运营单位的成本，首先要确定其成本计算对象（成本计算指标），即以哪些工作或产品来计算其成本。由于各基层单位的业务并不相同，每个单位所完成的工作或产品又各不相同，这就给确定成本计算对象带来一定的复杂性。一般来说，选择成本计算对象与成本计算的目的有关。

5.2.3 非定期成本计算

1. 非定期成本计算的特点

定期成本计算的换算吨公里、货物计费吨公里、旅客人公里的成本是全路或铁路局的平均数值。但是在解决许多技术经济和国民经济问题时，必须计算具体条件下的成本，需要采用非定期成本计算。

非定期成本的计算是为了解决某个临时任务或问题，不按规定的时间进行的成本计算；使用的资料不仅是统计和决算资料，还需要很多专门调查或补充计算得到的资料；其计算目的，不只是反映和考核生产耗费。

2. 铁路运输非定期成本的计算方法

1）支出科目直接计算法

根据需要计算的成本，首先按运输、机务、车辆、工务、电务等业务部门，将支出科目逐一分析，确定每个支出科目与成本的关系，然后计算某项因素变动对支出科目的影响值，将对各科目的影响值加总，即可求出成本的变动情况。

2）运输作业过程分项计算法

运输作业过程分项计算法可以计算分货物品名别的货运成本及分座席别、列车别的客运成本等。计算时，首先要把客、货运支出，分别划分为始发和到达作业费、中转作业费和运行作业费；然后再根据有关的运营资料及公式进行计算。该种方法因为考虑了运输距离、车辆载重、各种车辆的修理费和折旧费等因素的不同，计算结果比较精确；缺点是工作量大，划分 3 项作业费时，有一定难度。

3）单位支出分摊法

用单位支出分摊法计算某项成本时，把能直接列入的支出，直接列入该项成本；不能直接列入的支出，可以将其性质相同或相类似的支出科目归纳在一起，形成一个“单位”，然后将“单位”支出，用同一个运营指标分摊，列入某项成本。

4）支出率法

支出率法是用单位指标支出率计算和分析铁路营运成本的方法。

3. 与运量有关支出和与运量无关支出的划分

与运量有关支出和与运量无关支出，亦称与行车量有关支出和与行车量无关支出。有些运输用固定资产，如线路、通信信号设备、房屋建筑物的维修养护费等，与运量虽有一定关系，但又不是与其成正比例变化，属于半变动支出。另外，职工工资，一般生产费中的燃料、电力、水费及机械设备运用维修费等，也有变动支出、半变动支出和固定支出部分。所以，将运输支出划分为与运量有关支出和与运量无关支出，是一个复杂的问题。

5.3 运输固定资产折旧

固定资产折旧在铁路运输成本中占有较大比例。

固定资产是指在生产过程中，单位价值在规定标准以上，能够在长时期内（一般超过 1 年）发挥作用而不改变其实物形态，价值则逐渐转移到新产品中去的劳动资料。铁路运输固定资产是指使用年限超过 1 年的房屋、建筑物、机器机械、交通运输工具，以及超过一定价值的与运输有关的设备、器具、辅助工具等。

在第一次产业革命以前，会计上几乎没有折旧的概念。此后，由于大机器、大工业的发展，特别是铁路的发展和股份公司的出现，使人们产生了长期资产的概念，并要求区分“资本”和“收益”，因此确立了折旧费用是企业生产过程中不可避免的费用。折旧概念的产生是企业由收付实现制向权责发生制转变的重要标志，其概念基础是权责发生制和体现这一制度要求的配比原则。按照配比原则，固定资产的成本不仅仅是为取得当期收入而发生的成本，也是为取得以后各项收入而发生的成本，即固定资产成本是为在固定资产有效使用期内取得收入而发生的成本，其自然应与收入相配比。

运输业的基础设施、运载工具、装卸设备及生产用房屋等投资巨大，固定资产折旧在运输成本中占有较大比例。固定资产在生产和使用过程中会发生损耗，最后丧失其效用，所以必须实现固定资产的再生产。运输固定资产的再生产，是通过折旧的方式实现的。

5.3.1 固定资产折旧的概念

在生产过程中固定资产不断发生磨损，必须同时取得实物补偿和价值补偿，这种补偿在实物上表现为设备的大修和整体更新，在价值上表现为提取折旧费。固定资产折旧是把固定资产磨耗掉的价值转移到所生产的产品中去，构成产品成本的一个要素，这一部分成本从产品销售收入中提取出来，形成折旧基金，专门用于设备的大修和整体更新。

为了保证设备报废时有足够的资金重新购置，需要根据设备的原价（或重置价）和整体使用寿命提取折旧，称为基本折旧，由此形成的基金称为基本折旧基金。

铁路运输固定资产的构成，包括使用中的固定资产、未使用的固定资产和不再使用的固定资产三大类，其中第一类占绝大部分，第二类和第三类很少。而使用中的固定资产主要是生产用固定资产，使用中的铁路运输生产用固定资产，按其功能由以下 3 种构成。

1. 不能移动的固定资产

不能移动的固定资产包括构成运输系统的线路及其附属设备，各种车站及其附属建筑物、通信信号设备、机械动力设备、传导设备等。

2. 可移动的固定资产

可移动的铁路固定资产包括机车车辆、运载工具、装卸设备、工具仪器及生产用具等。

3. 管理用具

铁路管理用具指运输生产经营管理中需要的各种用具，如计算机等。

使用中的设备每时每刻都在发生磨耗，保证设备正常运转的日常维修，随时在进行，其费用直接列入产品成本。

对于设备来说，可以分为物理寿命、技术寿命、经济寿命和折旧寿命。

设备的物理寿命是指一台设备从全新状态开始使用，直到不能保持正常的生产状态，以至于不能再使用而予以报废为止的全部时间过程，也称物质寿命、自然寿命。它是由有形损耗决定的，与维修的好坏有关，可通过恢复性的修理来延长其物理寿命，但不能从根本上避免设备的损耗。

设备的技术寿命是指从设备开始使用到因技术落后而被淘汰所延续的时间。它是由无形损耗决定的，与技术进步的速度有关，技术进步越快，设备技术寿命越短。通过现代化改装，可延长设备的技术寿命。在技术不断发展进步的情况下，技术寿命一般短于自然寿命，当更先进的设备出现或生产过程对原有设备的技术性能提出更高要求时，原有设备在其自然寿命尚未结束前就会被淘汰。

设备的经济寿命是指设备从投入使用开始至其平均年使用费用最低的年限所经历的时间，是从经济角度确定的设备最合理使用期限。一项设备可供使用的年限越长，则分摊到每年的设备购置费用（包括购价、运输费和安装调试费用）越少，同时设备的运行费用（操作费、维修费、材料费和能源消耗费等）越多。一种费用增加，另一种费用减少，其年平均成本是随着使用时间变化的。在设备的整个使用年限内会出现年平均总成本的最低值，而能使年均总成本最低的年数，就是经济寿命。设备的经济寿命是设备最佳更新时机的具体表现，是设备更新经济分析中的一个十分重要的概念。

设备的折旧寿命是指设备开始使用到设备的账面价值接近于零所延续的时间。它并不等于设备的物理寿命，其一般由国家统一规定或按行业惯例确定。

5.3.2 固定资产折旧的计算

在进行固定资产折旧的核算时，首先要明确折旧的基数、固定资产的净残值、固定资产的使用年限 3 个问题。计算固定资产折旧的基数一般为取得固定资产的原始成本，即固定资产的账面原价。固定资产的净残值是指预计的固定资产报废时可以收回的残余价值扣除预计清理费用后的数额。固定资产的使用年限是指以年为单位计算的固定资产使用寿命（技术寿命或经济寿命)。

铁路运输固定资产折旧的计算，有不同的方法。

1. 平均年限法

平均年限法又称直线法，是将固定资产的折旧均衡地分摊到各年的一种方法。采用这种方法计算的每年折旧额是等额的。其计算公式为：

$$年度基本折旧率=[(1-预计净残值率)/折旧年限]\times100\%$$

$$年度基本折旧额=年度基本折旧率\times固定资产原值$$

2. 双倍余额递减法

双倍余额递减法是按双倍直线折旧率计算固定资产折旧的方法。其是在不考虑固定资产净残值的情况下，用期初固定资产账面折余价值乘以双倍直线折旧率，计算确定各期的折旧额。其计算公式为：

$$年折旧额=期初固定资产账面折余价值\times双倍直线折旧率$$

式中：双倍直线折旧率$=2\times(1/预计使用年限)\times100\%$

3. 年度总和法

年度总和法是以固定资产各使用年序数相加为分母，以颠倒的年序数依次为分子，求得各年折旧率，来计算确定固定资产折旧额的一种方法。其计算公式为：

$$年折旧额=(固定资产原值-预计净残值)\times年折旧率$$

$$年折旧率=\frac{(折旧年限-已使用年限)+1}{[折旧年限\times(折旧年限+1)]/2}\times100\%$$

运输企业的固定资产折旧，应根据有关方法和规定，按月计提。正常经营期间，某个月份内开始使用的固定资产，当月不计提折旧，从下月起计提折旧。月份内减少或停用的固定资产，当月仍计提折旧，从下月起停止计提折旧。提前报废的固定资产，其净损失计入企业营业外支出，不得补提折旧。

5.3.3 固定资产的修理与更新

为了保证运输生产不间断地进行，需要对受到损耗的资产设备进行及时的修理或更新。修理分为维修和大修两种情况。维修是指设备使用一个较短的时间之后或在使用过程中检查其容易磨耗的部分，修理或少量更换磨耗的一般零、配件，维持设备的正常技术状态；大修是指设备经过较长时间的使用之后，由于磨耗的积累，需要全面翻修和更换主要零部件，因此设备大修具有局部更新的性质。每两次大修之间的时间，称为大修周期。

设备的大修可能需要几个月、几年甚至更长时间才进行一次，设备大修的时间和发生磨耗的时间并不一致，大修费用应计入大修周期内生产的全部产品中，不能一次摊入当年的产品成本中，通常的办法是把大修费用均衡地摊入大修周期内所有产品中，提取大修折旧形成大修折旧基金。

$$年度大修折旧率=(每次大修平均费用×使用年限中大修次数)/(使用年限×固定资产原值)$$

$$使用年限中大修次数=(使用年限/平均大修间隔)-1$$

$$年度大修折旧额=年度大修折旧率×固定资产原值$$

5.4 铁路运输劳动力成本

铁路运输是劳动密集型产业，劳动力成本在铁路运输成本中占有较大的比例。

5.4.1 铁路运输定员管理

1. 确定定员的原则

定员必须力求先进合理，不能固定不变，并应与劳动计划相协调。

2. 定员的确定方法

1）按劳动效率定员

凡是有劳动定额或工效标准的，均可根据任务量的大小进行定员。

$$定员人数=\frac{计划期应完成任务量}{计划期每人定量}×(1+预备率)$$

或

$$定员人数=\frac{计划期任务总量×单位任务量工作定额}{计划期每人工时定量}×(1+预备率)$$

式中：预备率是指职工因病、因事或参加社会活动等所占用的时间比率。

2）按工作岗位（或设备）数量定员

这种方法是按工作岗位（或设备）数量多少、每个岗位人员配备标准和每日工作班次确定人员。

$$定员人数=岗位总数量×每岗位应配备人员数×每日班次×(1+预备率)$$

3）按比例定员

在运输企业中，有一部分人员的数量是与职工总数或一定范围的人员总数成比例的。

$$某类人员定员=有关职工总数×规定人员数的百分比$$

4）按组织机构、职责范围和业务分工定员

这种方法主要适用于管理人员和工程技术人员的定员。

3. 人员分类

① 按职工类别分类，可分为固定工、合同工、临时工、计划外用工等。

② 按人员职能分类，可分为生产工人、学徒工、工程技术人员、管理人员、服务人员等。

4. 职工人数计划

1）运输企业职工人数计划的内容

根据生产任务和提高劳动生产率计划所计算出的完成生产任务需要的各类人员数量，编制劳动力平衡表，确定各类人员比例和各工种需要培训的人员数量及培训的时间。

2）运输企业职工人数计划的指标

① 计划期末（年末）职工人数。

② 计划期新增职工人数。

③ 计划期平均职工人数。

④ 计划期职工的补充需要量。这是指企业扩大生产规模需要增员，或者由于退休、退职、伤残、死亡，以及参军、上学、援外、辞退、开除等发生减员时，计划补充的职工数量。

3）运输企业职工人数计划的编制

工人需要量的计算有以下几种方法。

① 按实物产量和实物劳动生产率确定，其计算公式为：

$$\text{工人需要量}=\frac{\text{该工种的年计划工作量}}{\text{该项工作的工人年平均工作量}}$$

② 按总产值和货币表示的劳动生产率确定，其计算公式为：

$$\text{工人需要量}=\frac{\text{年计划总产值}}{\text{工人年平均计划总值}}$$

③ 按工作量、劳动定额和工人平均出勤日数确定，其计算公式为：

$$\text{工人需要量}=\frac{\text{年计划总产量}\times\text{工时定额}}{\text{日计划工作时间}\times\text{年计划工人平均出勤日数}}$$

管理人员、服务人员一般是按比例和机构定员来确定。

5.4.2　铁路运输劳动力成本

铁路运输劳动力成本包括工资、奖金、津贴、福利、在职教育等费用支出。

1. 工资

目前，我国铁路运输企业实行的是等级工资制度。等级工资制由以下要素构成。

1）工资标准

工资标准也称“工资率”，是用货币表明每个等级的具体工资数额。

2）工资的级差

工资的级差是指相邻两个等级间的工资标准相差幅度。

3）等级数目

等级数目主要反映工资标准是由多少个等级数目组成的。

4）职务工资等级线

职务工资等级线用于规定每一个职务等级的工资标准。

5）技术等级标准

技术等级标准是衡量和确定工人技术等级的尺度。

6）岗位工资制

岗位工资制是按照职工在生产工作中的不同岗位确定工资的一种制度。

7）结构工资制

结构工资制是根据工资的不同因素和工资所起的不同作用，将工资分成几个部分，分别确定工资额，以体现“按劳分配”的基本要求，综合反映多元素的特点和作用的一种工资结构。

8）工资形式

工资形式是计量劳动和支付工资的方式与劳动报酬之间的关系，包括根据劳动者的标准工资、用工时间来计量劳动，并支付工资的计时工资形式；按照劳动者生产的合格产品的数量或完成的工作量，以一定计件单价计算劳动报酬的计件工资形式。

9）工资水平

工资水平是指在一定时期内职工平均工资收入的高低程度，反映工资水平的主要指标是职工平均工资。

（1）工资总额的组成

运输企业的工资总额一般由工资、奖金、津贴等组成。

（2）工资水平的计算

反映工资水平的指标是平均工资。其计算公式为：

$$\text{报告期职工平均工资}=\frac{\text{报告期工资总额}}{\text{报告期职工平均人数}}$$

式中，报告期职工平均人数是指报告期内平均每天拥有的人数。

（3）实际工资水平的计算

职工的实际工资水平是将平均货币工资扣除“职工生活费价格指数”的影响来计算的。

职工生活费价格指数是反映城市职工在不同时期内购买生活消费品和服务性支出价格水平变化情况的综合经济指数。职工生活费价格指数降低，说明以同样的工资额可以买到更多的消费品或得到更多的服务。

根据职工生活费价格指数，按以下公式计算职工的实际工资。

$$\text{实际工资}=\frac{\text{货币工资}}{\text{职工生活费价格指数}}$$

这里的货币工资是个绝对数，是实际支付的工资数额，而实际工资是个相对数，是指相对于某一时期的货币工资而言的，具有象征性质。

2. 奖金

奖金是对劳动者的超额劳动所支付的报酬。

1）生产奖

生产奖的奖励条件是生产上的主要指标，按照规定的办法进行奖励。

2）劳动竞赛奖

劳动竞赛奖是对在劳动竞赛中获得优异成绩者给予的奖金。

3）一次性奖励

一次性奖励对在生产、保卫国家集体财产、见义勇为等方面作出突出贡献的人员进行不定期、事先也不规定具体奖励办法的奖励。

3. 津贴

津贴是为了补偿职工在特殊的劳动条件和工作环境下，付出额外或特殊的劳动消耗和生活费的额外支出。

1）岗位津贴

岗位津贴是为了补偿职工在某些特殊劳动条件下付出劳动的额外消耗而发放的补贴。

2）地区津贴

地区津贴是为了补偿职工在某些特殊的地理自然条件下付出生活的额外支出而发放的补贴。

3）生活津贴

生活津贴是为了保障职工实际收入和补偿职工生活费用额外支出而发放的补贴。

4）保健津贴

保健津贴是为了保障在有毒、有害岗位上工作的职工的身体健康，为增加其营养，提高抵抗职业性毒害的能力而发放的补贴。

5）特殊津贴

特殊津贴是为了照顾部分职工在生活上的特殊开支，减轻其个人经济负担而发放的补贴。

4. 福利

福利是根据国家政策为职工缴纳的住房公积金、养老保险、失业保险、医疗保险、人身伤害保险等。

5. 职工在职教育支出

为了提高在职职工的思想认识水平、技术技能，以及文化水平、管理能力，企业必须对在职职工不断地进行在职教育与培训，这部分成本需计人劳动力成本。

5.5 铁路运输成本管理与控制

企业是以盈利为目的社会团体，追求的是经营利润最大化，开展各项活动的最终目标是实现企业价值最大化，进行成本管理与控制是实现这一目标的重要手段。降低成本可以提高盈利水平，增强产品的竞争力，扩大市场占有率。而要降低成本，就必须进行科学的成本管理。

成本管理与控制的方案具有可选择性，既然成本管理与控制的对象存在多种发展的可能性，因此，可以采取一定的控制方法，使之朝着人们所选定的方向发展，这也是实施管理与控制的主要目的。在成本管理与控制过程中，为了对某项经济业务实施管理与控制，可提出若干成本管理与控制的模型、方法等方案以供选择。提出供选择方案的多少、好坏，方案选择是否准确，是反映成本管理与控制人员素质高低的重要标志。成本管理与控制具有全面性、连续性和系统性的特点。

（1）全面性

成本管理与控制的全面性表现在它对企业生产经营的整个过程、每个环节都要实施控制。成本管理与控制主要是对生产经营过程中涉及成本费用的经济业务进行控制，而在企业生产经营的整个过程、每个环节都涉及这些业务。所以，成本管理与控制深入到企业生产经营的每一个环节，对生产经营活动进行着全面的管理与控制。

（2）连续性

成本管理与控制的连续性表现在它对企业生产经营过程的管理与控制不是间断的，而是连续进行的。企业的会计工作是建立在各种假定基础之上的，持续经营假设是一项重要的会计原则。既然企业是连续经营的，成本管理与控制所需要的信息也是连续不断的。

（3）系统性

成本管理与控制的系统性表现在它是从系统的角度进行管理与控制的，即它在实施成本管理与控制时，不是从局部的利益出发，而是要统筹兼顾、相互联系、协调平衡各方面的关系，从整个企业的角度进行管理与控制。成本管理与控制应贯穿于企业生产经营的全过程，即全面的成本管理与控制。凡是企业的生产经营活动涉及价值运动，都包括在成本管理与控制的范围之内。成本管理与控制之所以要贯穿于企业生产的全过程，是因为企业的生产过程其实就是成本费用的形成过程，既然成本费用是在生产经营的全过程中形成的，要想降低成本费用，管理与控制活动就要贯穿于企业生产经营的全过程。只有实施全面的成本管理与控制，才能对生产经营过程的每个环节都进行管理与控制，不至于有所遗漏，从而取得最佳的成本管理与控制效果。

铁路运输成本管理与控制在铁路运输生产经营的全过程中，按照预定的成本目标或标准，采用各种有效的方法，对实际发生的各项成本进行指导、限制和监督，并及时发现实际成本与成本目标的偏差，加以纠正，以保证成本目标的实现。

影响运输成本水平的因素是多方面的，如运输组织水平、物资管理水平、财务会计工作水平、劳动工资管理水平、运输生产用固定资产的技术状态和管理水平，以及铁路局所处地理环境和季节性变化等。宏观经济方面的技术经济政策是否正确，对运输成本具有深远的影响。正确分析这些因素对运输成本的影响程度，从而可探索铁路运输成本管理与控制的途径。

5.5.1 铁路运输成本管理与控制的方法

根据企业的不同情况，铁路企业的运输成本管理与控制可以采取不同的方法，如成本计划管理、定额管理、成本指标归口分级管理、支出科目负责制、财务审批制度等，都对加强成本控制起到一定的作用。近年来，铁路企业在传统成本管理的基础上，借鉴国内外、路内外的经验，不断探索适合铁路运输生产经营特点的成本管理与控制方法，如将责任成本制度、目标成本管理等应用于成本管理与控制，取得了一定成效。

1. 成本中心

成本中心是对成本和费用承担控制、考核责任的中心，是对费用进行归集、分配，对成本加以控制、考核的责任单位，即对成本具有可控性的责任单位。这里的可控性是与具体的责任中心相联系的，而不是某一个成本项目所固有的性质。例如，铁路局按纵向责任划分可设站段、车间、班组等各级成本中心，对它们都能单独划定其成本责任范围，并可单独考核成绩；按横向责任划分，可在各层次中划分若干个成本中心，如在铁路局这一级可按各处室划分成本中心，站段还可按其管理部门划分若干成本中心。

按分类方法不同，可以分为以下成本中心。

（1）基本成本中心和复合成本中心

前者没有下属成本中心，如一个工段是一个成本中心；后者有若干个下属成本中心。基本成本中心对其可控成本向上一级责任中心负责。

（2）技术性成本中心和酌量性成本中心

技术性成本是指发生的数额通过技术分析可以相对可靠地估算出的成本，如产品生产过程中发生的直接材料、直接人工、间接制造费用等。技术性成本在投入量与产出量之间有着密切联系，可以通过弹性预算予以控制。酌量性成本是否发生及发生数额的多少是由管理人员的决策所决定的，主要包括各种管理费用和某些间接成本项目，如研究开发费用、广告宣传费用、职工培训费等。酌量性成本在投入量与产出量之间没有直接关系，其控制应着重于预算总额的审批上。

成本中心在日常控制中应遵循的基本原则有成本控制与服务质量控制相结合的原则、局部控制与整体控制相结合的原则、全面控制与重点控制相结合的原则、经济控制与技术控制相结合的原则、专业控制与全员控制相结合的原则。

2. 标准成本

标准成本是指根据产品设计和工艺方案的要求，在本企业已经达到的生产技术水平和有效经营条件下应当发生的成本，因而它是一种预期的目标成本。标准成本系统是由标准成本制定、差异分析和差异处理 3 个部分组成。差异分析和差异处理是将标准成本与实际成本对照，找出产生差异的原因，并在生产管理及相关生产财务记录中登记处理。一般来说，实际成本高于标准成本，因而这种差异可以是实际额脱离“目标值”的一种信号。企业应采取相应措施及时处理生产经营中不正常、低效能的因素，尽可能地避免各种“不利”差异反复出现，从而实现对成本的有效控制。因而，标准成本系统不只是单纯的成本计算方法，也是从生产管理与成本管理角度出发，对成本实施有效管理与控制的重要手段之一。

标准成本主要分为理想的标准成本、正常的标准成本和历史的标准成本。理想的标准成本是以现有生产技术和经营管理最理想状态为基础所确定的标准成本。正常的标准成本是根据已经达到的生产技术水平，以有效经营条件为基础所制定的完成一定产品的耗费。历史的标准成本是对已经发生的成本支出直接进行计算的结果。标准成本首先提供了一个能够科学衡量成本水平的适当尺度，用以确定生产经营各有关方面应达到的成本水平和目标，并作为评价和考核各生产经营单位工作业绩的依据，最大限度地提高控制成本的能力，全面提高经济效益。标准成本能够为正确地进行经营决策提供有价值的数据信息。标准成本的建立有助于企业最终目标的实现。

标准成本产生于20世纪20年代的美国，是泰罗制与会计相结合的产物。第二次世界大战以后，随着管理会计的发展，标准成本在成本预算的控制方面得到广泛应用，并发展成为包括标准成本的制定、差异的分析、差异的处理3个组成部分的完整成本控制系统。它以标准成本为基础，把实际发生的成本与标准成本进行对比，揭示成本差异，使差异成为向人们发出的一种“信号”，企业以此为线索，可以查明形成差异的原因和责任，并据以采取相应的措施，巩固成绩，克服缺点，实现对成本的有效控制。

标准成本的应用主要遵循以下原则。

（1）企业环境相对稳定

事实上，随着竞争的加剧和风险的增加，企业的经营环境已经发生了巨大变化。无论传统行业还是新兴行业，都随时面临经营环境的变化。而国内企业受到国家经济政策影响的程度又十分明显，加之市场价格信号的瞬息万变，企业经营的环境已经处于复杂多变的状态。而标准成本的起源是依赖于相对稳定的经营环境，所以目前标准成本的应用条件已经发生了巨大变化。

（2）企业产品相对稳定

同样，客户的需求越来越趋于多元化和个性化。大批量的生产模式也受到极大的挑战，企业产品单一化无疑是末日黄花。这种趋势迫使企业必须以市场客户需求为导向，使自身产品差异化和特性化，产品的变化也因此更加复杂。

3. 目标成本

目标成本是企业在成本方面的奋斗目标，是事先确定的要努力实现的成本水平。它可以是计划成本，也可以确定先进的成本水平作为目标成本。目标成本管理是企业在生产经营活动中，把成本目标从企业目标体系中抽取和突出出来，围绕成本目标开展各项成本管理活动和其他管理活动，对各项成本费用进行规划、指导，使企业能按照目标成本的要求，以尽可能少的成本开支，取得最佳的经济效益。

制定目标成本时，既要考虑本单位的设备条件、原材料的供应情况、原设计的生产能力和职工的素质与技术水平等，同时也要重视企业的外部条件。例如，市场对本企业产品的需求情况，国内外对象的成本资料，等等。目标成本管理是企业目标管理的重要组成部分，推行目标成本管理可以促使企业加强成本核算，人人关心成本，更好地贯彻经济责任制，对于激励全体职工努力做好工作的积极性，促进成本进一步下降有重要意义。同时，目标成本也是进行有效成本比较分析的一种尺度，可以查明产生成本差异的原因，并有利于实行例外管理原则，将成本管理的重点放在重大脱离目标成本的事项上。目标成本管理的实施也能促使企业上下各部门和领导与职工之间的协调一致，相互配合，围绕一个共同的目标而努力。

目标成本管理具有以下特点：目标成本管理是侧重于事先控制的全面系统的成本管理，它突破了传统成本管理以生产过程为中心的做法；目标成本管理具有技术与经济特点；目标成本管理具有同经济责任制、经济核算紧密结合的特点。

目标成本管理可能存在的误区如下。

① 企业成本管理的重点在表面和行政管理上，在一些容易被抓住和容易被“看见”的成本与费用上，如制造过程中原材料价格降低，行政管理中的办公经费、业务招待费、差旅费等，面对那些不易被抓住和不易被“看见”的成本降低，则很少考虑，如提高设备利用率，提高劳动生产效率、品质等，且易将成本指标完不成归结为客观因素（如原料价格）。

② 成本管理多由企业的领导和财务人员关心，成本控制在成本管理中占有重要位置，职工只是为完成成本控制目标而工作，缺乏主动性，呈现“自上而下”的成本管理形式。

③ 成本管理工作是“任务型、控制型”的，从领导层到职工都在为完成目标成本而努力。而成功的成本管理是“效率型、管理型”的，除控制成本和各项费用支出以外，更注重加强对企业员工的培训，培养全面多能的企业员工，提高人员劳动效率。

④ 企业的设备陈旧老化与新设备闲置并存，一方面希望利用政策不提或少提折旧的方式来降低成本；另一方面在进行大修理时并不考虑零部件的使用寿命，盲目更新，这使产品的最终制造成本并没有下降，但降低了企业的持续生存能力。

4. 责任成本

责任成本是以成本的责任单位为核算对象归集控制成本。责任成本制度是在企业内部确定各个层次的责任单位及可控制成本，由责任单位对其加以控制并报告其工作成绩，以便于评价和考核的一种成本控制制度。

责任成本以成本责任者为成本管理对象，进行计划、控制、核算和分析，这必然会促使全体职工增强成本观念，积极参与日常成本管理，增强责任者的成本责任，实行成本的自我控制，而对成本责任者的考核，更能促使责任者加强成本管理。

从一般的意义上，责任成本应该具备以下 4 个条件。

① 可预计性。也就是说，责任中心有办法知道它的发生以及发生什么样的成本。

② 可计量性。责任中心有办法计量成本的大小。

③ 可控制性。责任中心完全可以通过自己的行动对成本加以控制与调节。

④ 可考核性。责任中心可以对成本的执行过程及其结果进行评价与考核。

5. 5. 2 影响铁路运输成本的因素

实现服务对象的空间位移是运输的主要任务，可以说运输距离是影响运输成本的最重要的因素之一。另外，运载工具的运用效率，劳动生产率的高低，燃料、材料的节约或浪费，最终都会影响运输支出的增减和运输成本的升降。加强对运输支出和成本的分析，可以及时了解运输生产过程中各项费用节约和超支情况，找出运输支出和成本发生变化的原因及各种因素对其影响的程度，通过加强经济核算，进一步提高运输企业的现代化管理水平。

降低运输成本的主要途径如下。在设计铁路建筑和选用运输设备方面，选择技术上可行、经济上合理的方案，以提高投资和运输的经济效益。在运输组织工作方面，主要是提高运输组织水平，改善机车车辆的运用，在现有设备条件下增加运量，减少运输中的浪费和损失。尤其是充分发挥铁路适合中、长距离运输的优势，减少短途运量。在经济管理方面，合理确定固定资产折旧率、各类材料和工时的消耗定额，不断提高劳动生产率，对成本进行全面的科学管理。及时更新和改造运输设备，根据需要和可能，不断采用新的科学技术和先进的技术设备。

1. 运输距离的影响分析

按照支出与运输距离的关系，运输支出可以分为始发、到达作业费，中转作业费和运行作业费 3 个部分。由于始发、到达作业费与运输距离的长短无关，它不随运输距离的长短而发生变化，因此，当运输距离延长时，虽然运输支出总额也会增加，单位运输成本分摊的这部分费用却会减少，从而使运输成本降低。单位运输成本与运输距离的关系为：

$$\text{单位运输成本}=\frac{\text{每吨货物的发到作业费}}{\text{运输距离}}+\text{每吨公里货物的中转和运行作业费}$$

从上式可看出，在其他条件一定的情况下，虽然在运输总成本中发到作业成本是固定不变的，中转和运行作业成本随着运输距离的变化而相应变化；但在单位运输成本中发到作业成本随着运输距离的变化成反比例变化，中转和运行作业成本固定不变。

由于发到作业成本与运输距离成反比例变化，故以相对百分比表示的单位运输成本 $C_{\text{单}}$ 和以百分比表示的运输距离变化率 Δ 之间的关系为：

$$C_{\text{单}}=\frac{\text{发到作业成本所占百分比}}{1+\Delta}+\text{中转和运行作业成本所占百分比}$$

例如，当运输距离为 500 公里时，设其运输成本为 100%，其中发到作业成本占 20%，中转和运行作业成本占 80%，则当运输距离延长到 1500 公里，即增加 200% 时，运输成本就降低到原来的 86.7%：

$$C_{\text{单}}=\frac{20\%}{1+200\%}+80\%=86.7\%$$

举例说明如下。设某运输企业的货物运输成本在平均运程为 500 km 时为 100 元/(万 t · km)，其中发到作业成本占 20%，即 20 元/（万 t · km），中转和运行作业成本占 80%，即 80 元/（万 t · km）。随着运输距离的变化，运输成本的变化如表 5-1 所示。

表 5-1 运输距离变化与运输成本的关系

运输距离/km	100	300	500	1 000	1 500	2 000	3 000
每万吨公里运输成本/元	180.0	113.3	100.0	90.0	86.7	85.0	83.3

从上例可以看出，随着运输距离的延长，单位运输成本是逐渐降低的，但降低的幅度越来越小。原因是发到作业成本的比重越来越小。

2. 运载工具的运用效率影响分析

在一定类型运输设备条件下，通过加强运输组织工作和采用先进工作方法，改进运输工具的运用或对运输设备进行技术改造，都可以使运输工具提高运用效率。运输工具的运用效率变化对运输成本有重要影响。因为与运量有关的变动支出和运输工具的运用工作量及运输工具的需要量是直接关联的，提高运输工具的运用效率，无论是提高车辆载重力或是加速运输工具周转，都可以在不同程度上使完成一定运输周转量的运输工具运用工作量或运输工具需要量减少，从而使运输成本降低。

反映运输工具运用效率的指标与运输成本的关系有两类情况。第一类指标与运输成本成正比例变化，如空车走行率等。这类指标的降低或提高都会影响运输成本的降低或提高。这类指标的降低或提高都会影响运输成本的降低或提高（见图 5-1），其关系可用下式表示：

$$C=a+bX$$

式中：C 为运输成本；X 为相关指标；a 为不随该指标变化的运输成本，包括与该指标变化无关的变动成本和固定成本；b 为与该指标变化成正比例变化的运输成本，即与该指标变化直接有关的变动成本。

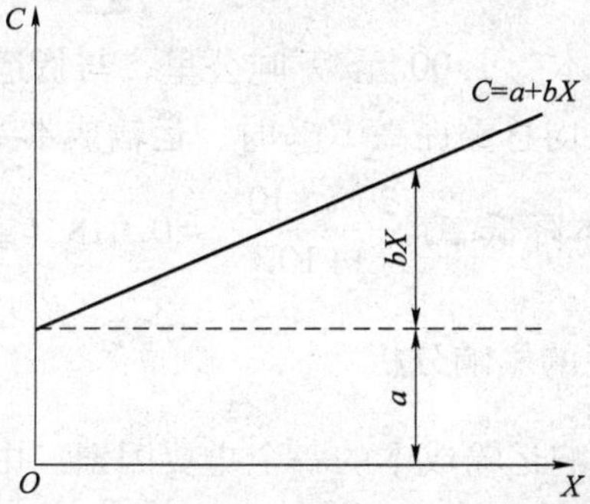

图 5-1　运用效率指标与成本的正比例关系示意图

第二类指标与运输成本成反比例变化，如重车动载重、旅行速度等。这类指标的提高可使运输成本降低。这类指标的提高可使运输成本降低（见图 5-2），其关系可用下式表示：

$$C=a+\frac{b}{X}$$

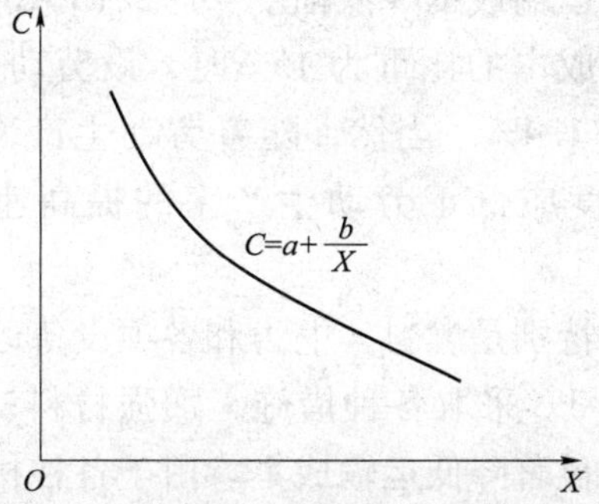

图 5-2　运用效率指标与成本的反比例关系示意图

运输工具的运用效率指标变化对运输成本的影响，可采用支出率法进行详细计算。支出率法又分为单项因素法和多项因素法两种。单项因素法是分别计算每个指标变化对运输成本的影响，计算时先要算出指标未变动前的运输成本，然后再算出某项指标变动而假定其他指标不变的运输成本，两项运输成本比较的差额即为由于某项指标变化对运输成本的影响。多项因素计算法则是计算几个指标同时变化对运输成本的综合影响，其计算步骤也是先算出指标变动前的运输成本，然后再根据各项指标变动的情况计算出几项指标同时变动后的运输成本，两者进行比较即可得出多项指标变动对运输成本的综合影响。

概括计算运输工具运用效率指标对运输成本的影响，可采用影响系数法，即根据与某项效率指标直接有关的支出占全部运输支出的比重来近似计算。如前所述，各项运用效率指标与运输成本之间可能是正比例或反比例的关系。故当指标变化与运输成本变化成正比例关系时，计算公式为：

$$\text{运输成本变化率}=n\Delta$$

式中：n 为影响系数；Δ 为某效率指标变化率。

当指标变化与运输成本变化成反比例关系时，其计算公式为：

$$\text{运输成本变化率}=\frac{n\Delta}{1\pm\Delta}$$

例如，某铁路局的货运成本为 1.00 元/万吨公里，与货运列车平均总重有关的支出占货运支出的 20%，当货运列车平均总重提高 10%时，运输成本变化为：

$$\text{运输成本降低率}=\frac{20\%\times10\%}{1+10\%}=0.018\ (\text{或}\ 1.8\%)$$

3. 劳动生产率和燃料消耗的影响分析

劳动生产率的高低也是影响运输成本的一个重要因素。由于工资支出在运输成本中占有相当比重，而工资支出的多少取决于职工人数和平均工资。通过改善劳动组织，充分发挥职工的积极性和创造性，尽量采用先进操作方法，提高主要工种的劳动生产率，并尽量减少非生产人员所占比重，就可以用较少的人力，完成相同的运输任务，或者以同样的人力完成更多的运输任务，从而节约使用人力，减少活劳动消耗，降低运输成本。

设工资在运输成本中的比重为 A，劳动生产率提高百分率为 Δ，则在工资水平不变的情况下，概略计算运输成本降低幅度为：

$$\text{运输成本降低幅度}=A\times\Delta/(1+\Delta)$$

例如，当工资支出占运输成本的比重为 15%时，设劳动生产率提高 10%，则运输成本可降低 15%×10%/(1+10%)=1.4%。当然，随着劳动生产率的提高，工资水平也会有所增长，但一般工资的增长速度应低于劳动生产率的提高速度，所以运输成本还是会降低的。

在运输生产中，生产动力特别是燃料、电力和各项设备运用与维修用的材料数量是很大的，其费用约占运输成本近 1/3。采取各种措施，加强材料、燃料和电力的消耗定额管理，尽量节约各种物资消耗，就可显著降低运输成本。由于各种材料、燃料、电力消耗量在工作量一定的情况下，与其消耗定额成正比。因此，可通过该项费用占运输成本的比重和消耗定额的减少幅度来计算其对运输成本的影响。

5.5.3　铁路运输成本管理与控制的复杂性

1. 增量成本问题

在运输成本分析中有时要用到增量成本的概念。边际成本是用增加的吨公里或人公里数去除新增运输服务所增加的运输成本，然而吨公里或人公里并不是实际的运输产品，因此传统的边际成本分析也体现出其一定的局限性，以吨公里或人公里计算的边际成本仍然带有某种平均的性质。而增量成本与边际成本不同，它是要计算新增运输服务中单个旅客的成本。需要在假定系统其他条件不变的情况下计算新增旅客的增量成本。可以看出，边际成本分析和增量成本分析在运输经济分析中都是重要和必不可少的。

2. 不可归依性问题

运输成本分析的另外一个难点是运输费用的不可归依性。无论是运输的边际成本分析还是增量成本分析都会产生一个问题，就是有些运输费用的发生无法归依到某一位具体旅客或某一批具体货物的运输上。运输费用出现部分不可归依性的原因是运输业范围经济的存在。范围经济是指两种或两种以上的产品或服务，由一个企业提供比由两个或多个企业分别提供时的成本更低，或者效率更高。运输业产品或服务的多样性使运输业的范围经济现象十分普遍，即由同一运输企业提供多种多样不同的运输产品或服务。运输企业在合并运量、充分利用固定设施和载运工具的能力、发挥网络密度经济优势的同时，在很大程度上也在发挥其范围经济的优势，这一点与其他产业规模经济和范围经济是有区别的。

3. 联合成本与共同成本问题

由于运输业范围经济现象的普遍存在，也就同时产生联合成本及共同成本的问题。联合成本的出现是由于联合产品（或服务）的存在，而联合产品是指两种产品（或服务）以某种无法避免和改变的比例关系被生产出来。以运输返程回空为例，一条独立的运煤铁路，由于没有其他货物，因此满载的运煤列车由煤矿驶往电厂，卸载后空车返回，满载的煤炭运输当然是该铁路的主要产品，但空列车必须返回煤矿才有可能开始下一次运输，而且因为列车往返的比例是不变的，所以返程回空的列车就成为满载煤炭列车的联合产品。于是，列车空返的成本就是满载列车运输的联合成本，它们是不可分割的。联合成本甚至也体现在固定运输设施方面。例如，一条铁路建成通车后每天 24 小时都可以使用，如果硬要把它分成每小时一段的铁路使用服务，并且把每天下午 3:00—4:00 那段时间的建设成本分离出来，也是不可能的，因为铁路不可能只为每天下午 3:00—4:00 而不为其他 23 个小时建设，该铁路的建设成本应该是每天 24 小时的联合成本。这给运输成本分析增加了一定难度。

运输业经营中的共同成本与前述联合成本有相似之处，但概念是不同的。例如，一列货运列车有 50 节车厢，这列列车的运输成本对于这 50 节车厢来说是共同成本而不是联合成本，原因在于列车的车辆数是能够改变的，在规定范围内车厢可以多一些也可以少一些，因此从技术上看这50节车厢不是绝对不可分的。共同成本的存在当然也为不同运输产品或服务的成本分担造成了困难，但其原理与联合成本还是有区别的。共同成本可以使其中的某一部分增量成本找到相应的对象，而联合成本中的任何一部分都不可能分离出来。

由于运输业中多产品生产的特点，网络规模经济、机会成本、沉没成本、增量成本、联合成本和共同成本的重要性，以及固定设施和移动设备两种资本形式的存在等因素，使运输成本的计算与计量具有很大的挑战性。

复习思考题

1. 简述运输成本的特点。
2. 简述运输成本的计算方法。
3. 简述运输成本的管理与控制方法。
4. 简述影响运输成本的因素。

第6章

铁路运输设备运用

【思政目标】

学习党的二十大守正创新精神，了解各类铁路运输设备的种类和运用效率指标；学习党的二十大追求卓越的精神，探求提高铁路运输设备使用效率的措施。

【内容概要】

铁路运输设备包括铁路线路及其附属设备、车站及其附属设备，以及机车车辆，这些设备的使用效率是影响铁路运输成本效益的重要因素。

本章分别介绍各类铁路运输设备的种类、运用效率指标及其计算方法。

【学习重点与难点】

学习重点：各类铁路运输设备的运用效率指标。

学习难点：提高铁路运输设备使用效率的措施。

铁路运输设备包括铁路线路及其附属设备、车站及其附属设备、机车车辆，这些设备的使用效率是影响铁路运输成本效益的重要因素。

2021 年，全国铁路营业里程达到 15.0 万 km，其中高速铁路营业里程达到 4 万 km。铁路复线率为 59.5%，电化率为 73.3%。全国铁路路网密度 156.7 km/万 km^2。全国拥有铁路机车 2.2 万台，其中内燃机车 0.8 万台、电力机车 1.4 万台。拥有铁路客车 7.8 万辆，其中动车组 4 153 标准组、33 221 辆。拥有铁路货车 96.6 万辆。

6.1 铁路线路

铁路线路的经济性取决于其性能及其与机车车辆间的协调配置。

6.1.1 铁路线路的性能

一条铁路线路的性能主要是指该线路的设计性能，包括通过能力、轴重限制，由线路各构成要素的技术标准确定。铁路线路由路基（包括桥梁、涵洞、隧道等）、轨道（包括钢轨、轨枕、联结零件、道床、防爬设备和道岔等）和信号系统组成。

影响铁路线路性能的因素，包括线路的平面和纵断面、轨道标准和信号显示系统，它们共同决定线路的列车设计速度，从而影响线路的通过能力。轨道标准还决定车辆的轴重，从而影响机车车辆类型，并与线路纵断面一起影响列车总重，最终影响线路的输送能力。

1. 线路平面

线路越平顺，越有利于列车的快速运行和降低能源的消耗。决定线路平顺程度的是曲线半径、缓和曲线长度和曲线间夹直线的长度。曲线半径越小，列车的运输阻力、列车速度限制越大。缓和曲线及夹直线的长度越小，行车平稳性越差，对列车的行驶速度限制越大。所以，在地形条件允许时，应尽可能采用较大的曲线半径、较长的缓和曲线和夹直线。但地形条件差时会增加建设成本。一般铁路建设时会通过计算论证在投资与运营成本间取得某种平衡。

2. 线路纵断面

铁路线路纵断面包括坡度、坡段长度、坡道的连接等。坡度越大，列车上坡时的坡道阻力则越大，当机车类型和型号一定时，列车总重则会越小，从而影响线路的输送能力。铁路建设时会设定限制坡度。

3. 轨道

1）路基

路基是铁路轨道结构下的基础建筑，必须具有足够的强度和稳定性，在其本身静力作用下地基不应发生过大的沉陷，在车辆动力作用下不应发生过大的弹性和塑性变形，以保障列车安全运行。路基的强度和稳定性影响列车的速度和总重。

2）道床

道床支承轨枕，把来自轨枕上部的荷载均匀地分布到路基上，减少路基的变形。道床使轨道具有一定的弹性，吸收机车车辆的冲击和振动，使列车运行比较平稳，还能改善机车车辆和钢轨、轨枕等部件的工作条件，延长使用寿命，并兼有排水作用，保护路基不受水害侵扰。现在高速铁路、隧道采用整体道床，以增加列车的稳定性和降低道床维修费用及维修时间对行车的影响。

3）钢轨

钢轨用于引导机车车辆的车轮前进，承受车轮的压力，并传递到轨枕上，为车轮提供连续、平顺和阻力最小的滚动表面。钢轨单位长度的质量越大，越有利于列车的快速运行，并承受较大轴重，从而有利于采用大型机车车辆，提高线路的输送能力。

4）轨枕

轨枕承受来自钢轨的压力，使之传布于道床，同时利用扣件有效地保持轨道的轨距和位置。单根轨枕强度越大、铺设密度越大，越有利于列车的快速运行和机车车辆的大型化，从而提高线路的通过能力和输送能力。

4. 道岔

道岔影响列车通过时的速度，进而影响线路的通过能力。为提高列车的通过速度，一般采用造价较高的大号码道岔。

6.1.2　铁路线路与机车车辆的协调配置

铁路线路的运输能力除受线路技术标准的制约外，还与机车车辆的类型和型号有关。在线路标准已定的条件下，如果牵引定数一定，大功率机车可提高列车速度，从而增加线路的通过能力，或者在线路的通过能力不变的条件下，增加牵引定数，从而扩大线路的输送能力。

大型车辆可以在车站线路有效长度不变的条件下增加列车总重，与大功率机车配合，增加牵引定数，从而在不增加线路投资的条件下，加大整条线路的输送能力。

6.1.3　铁路线路的效果指标

考核铁路线路的使用效果，主要围绕线路的使用效率与效益展开。效率指标包括时间利用率、通过能力利用率、列车平均载客/货量、重车方向输送量、运输密度等；效益指标包括换算吨公里线路成本、换算吨公里运行成本等。

1. 时间利用率

铁路线路每时每刻都有列车通过，其使用效率最高。但由于线路的维护，需要时间完成；另外，运输事故、自然灾害也会造成行车中断。因此，总有部分时间线路是处于非使用状态。

线路的时间利用率为：

$$\begin{aligned}\text{线路的时间利用率} &= \text{日均行车小时数}/24\\ &= 1-\text{日均中断行车小时数}/24\end{aligned}$$

式中：日均中断行车小时数为日维修天窗时间、日均事故中断行车小时数与日均自然灾害中断行车小时数之和。自然灾害中的无法防护部分属于非人为因素。

2. 通过能力利用率

通过能力利用率为线路日均通过列车数与运行图图定能力的比值。

3. 列车平均载客/货量

列车平均载客量是指线路上运行的旅客列车平均载运旅客的数量；列车平均载货量是指线路上运行的货物列车平均载运货物的数量。它们均为该线路不同区段的加权平均值。

4. 重车方向输送量

重车方向输送量是指线路上客/货运量较大的方向通过的旅客/货物的数量。由于客货运输需求方向上的不均衡，铁路线路两个方向完成的客/货运输量是不同的，而运输供给能力必须按需求大的方向配置。

5. 运输密度

运输密度是指单位长度线路完成的旅客周转量和货物周转量，等于线路完成的旅客周转量与货物周转量之和除以线路长度。

6. 换算吨公里线路成本

换算吨公里线路成本是指某条铁路线路平均每一个换算吨公里所分摊的线路折旧成本及使用成本。

7. 换算吨公里运行成本

换算吨公里运行成本是指某条铁路线路每一个换算吨公里所分摊的机车成本。机车成本包括折旧和使用成本，后者包括机车的维修保养成本、司乘人员成本、机车物资消耗成本和应分摊的管理成本。

6.2 铁路车站

铁路车站及其附属设备构成铁路运输网络的节点。

6.2.1 铁路车站

1. 车站概述

铁路车站是办理客货运输及与列车运行有关工作的基地，配置有客货运输设备及与列车运行有关的设备。

2. 车站的分类

车站根据所担负的任务量和政治经济地位，分为特等站和一、二、三、四、五等站；按技术作业性质的不同分为中间站、技术站（区段站和编组站）；按业务性质分为货运站、客运站和客货运站。

1）中间站

中间站为沿线城乡人民生活及工农业生产服务，可提高铁路区段通过能力，保证行车安全。

2）区段站

区段站多设在中等城市和铁路网上牵引区段（机车交路）的起点或终点，主要任务是改编区段到发的车流，解体与编组区段列车和摘挂列车，为邻接的铁路区段供应机车，更换货运机车及乘务员，为无改编中转列车办理规定的技术作业，办理客、货运业务，对货物列车中的车辆进行技术检修和货运检查整理作业，设有接发列车、调车、机车整备和车辆检修等设备。

区段站的作业和设备尽管在数量和规模上都不是最大的，但是作业和设备的种类却是比较齐全的。

3）编组站

编组站办理货物列车的接发、解体、编组等作业，配备相关的技术作业设备。

4）货运站

货运站主要办理货物承运、装卸、保管与交付，以及货物列车到发、车辆取送等作业。一般设在产生大量货流的地方，如大城市、港口、大型厂矿企业。

技术站附属的货场，办理货物承运、装卸、保管和交付作业，是与其他运输方式衔接的地方。

5）客运站

客运站主要办理旅客乘降及旅客列车的出发、到达业务，配备站前广场、售票厅、候车室、站台等客运设备及客车车底停留场等行车设备，还有办理行李包裹运输的专用设备。

6）客货运站

客货运站同时办理旅客运输和货物运输，配备相应的客运和货运设备。

3. 车站运行效果指标

1）旅客运输

日均旅客发送量=年发送旅客总量/年日历天数

日均旅客到达量=年到达旅客总量/年日历天数

旅客平均发送成本=旅客发送成本总额/年发送旅客人数

旅客平均到达成本=旅客到达成本总额/年到达旅客人数

2）货物运输

日均货物发送量=年发送货物吨数/年日历天数

日均货物到达量=年到达货物吨数/年日历天数

货物平均发送成本=货物发送成本总额/年发送货物吨数

货物平均到达成本=货物到达成本总额/年到达货物吨数

日均装卸货物吨数=货物装卸总吨数/年日历天数

货物装卸线时间利用率=货位作业小时总数/货位小时总数

货物装卸线单位长度日均装卸货物吨数=日均货物装卸总量/货物装卸线长度

3）技术作业

日均办理车数，包括有调车数、无调车数。

调车机车时间利用率=机车工作小时总数/机车台小时数

调车机车日均办理车数=日均办理车数/调车机车台数

机车取送车日均走行公里数=机车取送车日走行公里总数/机车台数

牵出线、驼峰时间利用率=日均作业小时数/24

有调车平均成本=有调车成本总额/有调车总数

无调车平均成本=无调车成本总额/无调车总数

6.2.2 装卸机械

1. 装卸机械的用途

装卸机械用于将货物装到运载设备上，或把货物从运载设备上卸下来。装卸作业是货物运输过程的必要环节。

由于装卸作业对象不同，装卸机械有许多种。各车站根据办理货物的种类、数量来配备装卸机械的类型、型号和数量。

2. 装卸机械利用指标

1）完好率

设备只有在完好状态下才能使用，才能产生效果。因此，完好率是考核装卸机械使用效果的重要指标。

装卸设备完好率是装卸设备完好台日与总台日的比值，反映车站配备的全部装卸设备技术状况和水平，说明车站在进行运输生产活动时，装卸机械在时间利用方面可能达到的程度。

影响完好率的因素很多，主要是设备本身所特有的技术性能，如装卸机械的使用寿命、坚固性和可靠性，使用者的操作技能，保养与维修的及时性和技术水平等。

2）工作率

工作率是指装卸机械工作台日与总台日的比值。

在完好率既定的条件下，工作率是提高装卸机械时间利用的前提，对生产效率有直接的影响。

3）时间利用系数

装卸机械的时间利用系数是指使用中的机械平均每天实际作业的小时数除以24。

装卸机械的时间分配包括使用和非使用两部分。使用时间包括准备时间、作业时间和作业性停歇时间；非使用时间包括检查保养时间、待命时间和非作业性停歇时间。

可以看出，缩短待命时间和非作业性停歇时间才有可能提高装卸机械的时间利用系数。

3. 装卸机械的使用效率指标

装卸机械的使用效率最终表现为平均每台设备每天完成的装卸货物数量。以吨数（件数）表示则有：

装卸机械的使用效率=日均装卸货物吨数(件数)/装卸机械台数

不同货物、不同类型装卸机械的作业效率差异很大。当一个车站的装卸机械种类与数量和货物品类与数量确定后，装卸机械的作业效率主要与如何使用和操作技术水平有关。

4. 装卸成本指标

装卸成本指标是指每吨或每件货物平均一次装卸作业成本，为年装卸作业成本总额与装卸货物吨数（件数）的比值。

6.2.3 仓储设备

1. 仓储设备的功能与分类

铁路车站的仓储设备包括站台、仓库和雨棚，其功能是存放货物，并保证货物的安全。按照在铁路运输中的作用，存储设备分为两类：

① 用于货物在铁路与其他运输中转时的暂时存放，一般存放时间较短；

② 用于货物的储存保管，一般存放时间较长。

2. 仓储设备使用指标

仓储设备使用率＝日均使用面积/总面积

仓储设备使用率＝日均存放货物总数/总面积

单位仓储成本＝年仓储成本总额/年存放货物总数

年存放货物总数 = $\sum$ 每批货物数量 × 该批货物存放时间

6.3 机车车辆

6.3.1 机车车辆概述

1. 机车

机车是铁路运输的动力，用于牵引或推送铁路车辆运行于铁路线上，本身不装载营业载荷。在陆地运输工具中按运送每吨公里消耗燃料量计，机车消耗能源较少。

由于铁路车辆都不具备动力装置，需要把客车或货车连挂成列，由机车牵引沿着钢轨运行。在车站上，车辆的转线及货场取送车辆等各项调车作业，也要由机车完成。

2. 车辆

铁路车辆是运送旅客和货物的工具，一般没有动力装置，分为货车、客车、行李车、特种车等。其中，货车又分为敞车、平车、棚车、罐车等。

1）客车

铁路客车是指载运旅客的车辆、为旅客提供服务的车辆和挂运在旅客列车中的其他用途的车辆。铁路客车分旅客运送、旅客服务和特殊用途3类，根据用途不同，又分为硬座车、软座车、硬卧车、软卧车、行李车、餐车、邮政车、试验车等。高速铁路客车分为一等软座车、二等软座车等。

2）货车

铁路上用于载运货物的车辆统称为货车。按其用途不同，可分为通用货车和专用货车。

通用货车是装运普通货物的车辆，货物类型多不固定，也无特殊要求，其在铁路货车中所占比重较大，一般有敞车、平车、棚车等几种。

专用货车一般是指专门运送一种或很少几种货物的车辆，用途比较单一，同一种车辆要求装载的货物质量或外形尺寸比较统一。专用货车一般有集装箱车、保温车、罐车、家畜车、水泥车、粮食车、长大货物车、毒品车和特种车等。

6.3.2 机车车辆运用指标

提高运载设备的运用效率是有效运用全部运输设备、增加运输能力的重要环节，可以在现有运输资源条件下最大限度地满足社会对运输的需求，或者以尽可能少的资源投入来满足一定量的运输需求，还可以节省人和货物花费在运输上的时间，并降低运输企业的成本，使运输企业提高经济效益。

从资产运用的角度，提高运载设备的运用效率即是提高资产效率。少投入可提高资产报酬率；多产出可提高资产产出率，从而提高资产周转率。

1. 加速货车周转

加速货车周转的经济效果主要表现为充分利用既有运用车，超额完成运输任务，相对减少货车的需要量及其投资，减少货车修理等运营支出，降低运输成本。加速货车周转还可产生加速货物送达和减少在途货物占用流动资金的效果。

影响货车周转时间的主要因素如下。

（1）全周转距离

车辆全周转距离包括重车周转距离和空车周转距离，反映货物平均运程的影响，主要受生产区和消费区配置情况的影响，即货流的地区分布和运输联系的影响，同时也受车辆调整工作质量的影响。

（2）旅行速度

车辆纯运行时间，除受全周转距离的影响外，还受技术速度的影响，而车辆在途旅行时间则要考虑旅行速度的影响。旅行速度取决于牵引机车的类型和构造、复线比重、运行图的类型与饱和程度、机车乘务组的熟练程度等因素。

（3）作业与中转停留时间

车辆的作业与中转停留时间取决于车辆货物作业停留时间、在技术站中转（进行改编的和不进行改编的）停留时间，以及车辆进行改编的技术站与不进行改编的技术站在数量上的比例。

2. 提高机车日产量

机车运用效率的高低，同样也必须从时间和牵引能力的利用两个方面来反映。机车日车公里、机车全周转时间，主要是从时间方面反映机车的运用效率；而列车重量和机车牵引力利用率是反映牵引力的利用程度。机车日产量则可以综合反映这两个方面。因为机车周转的快慢、牵引力利用程度的高低，最终同时表现在每台机车每天所能完成的总重吨公里上。所以，机车日产量是最充分地反映机车运用效率的综合性指标。

机车运用效率不仅取决于机务部门的工作，而且与其他许多部门的工作密切相关。因此，机车日产量指标既综合反映了机车的运用效率，也在一定程度上反映了整个铁路运营工作的水平。

机车日产量与需要的机车台数有很大关系。机车日产量越大，为完成同样的总重吨公里，就可以少用机车，或者利用相同数量的机车，可以完成更多的总重吨公里。在空率和货车自重系数一定的条件下，总重吨公里越多，表示完成的货物吨公里越多，反之亦然。因此，机车日产量越大，就可以用同样数量的机车完成更多的货物周转量。提高机车日产量，意味着可以用较少的机车完成既定的货物周转量，可以加速车辆周转和货物送达，节省机车车辆的需要量及其投资数，节约与机车、列车运行相关的运营费用。

提高列车平均总重和旅行速度，合理延长机车交路，提高机车日车公里，加速机车周转，降低机车辅助走行率，使机车工作时间与乘务组工作时间协调配合，使列车到发与机车周转紧密结合，乃是改善机车运用的重要途径。

3. 与铁路列车有关的指标

1）列车总重

列车平均总重包括货物（旅客及行李包裹）的质量和车辆自身的质量两部分。其计算公式为：

$$Q_{总} = \frac{\sum QS_{总}}{\sum MS_{列}}$$

式中：$Q_{总}$——列车平均总重（t）；

$\sum MS_{列}$ —— 计算期内列车公里总数，$\sum MS_{列} = \sum_{i=1}^{n} MS_i$，$n$ 为开行列车总数；

$\sum QS_{总}$ —— 计算期内总重吨公里数，$\sum QS_{总} = \sum PS_{自} + \sum HL_{运}$；

$\sum PS_{自}$ —— 计算期内运用车自重吨公里数；

$\sum HL_{运}$ —— 计算期内运行吨公里数，$\sum HL_{运} = \sum HL(1 + \alpha_{差})$；

$\sum HL$—— 计算期内计费吨公里数；

$\alpha_{差}$ —— 运行吨公里与计费吨公里数的差额系数，$\alpha_{差} = \dfrac{\sum HL_{运} - \sum HL}{\sum HL}$。

2）列车公里

列车公里是指一定时期内，全路或某个铁路局开行的全部列车的运行公里数。

3）列车平均载重

列车平均载重是指平均每一列货物列车装载的货物吨数。其计算公式为：

$$\sum QS = \frac{\sum HL_{运}}{\sum MS_{列}}$$

4. 与货车中转有关的指标

1）中转距离

中转距离是指货车每中转一次平均运行的距离。中转距离主要由铁路网的分布、货流构成等决定。

2）一次中转作业时间

铁路货车中转包括无调中转和有调中转两种。无调中转作业时间包括货物列车的到达、列检、出发等作业时间，其中含等待时间；有调中转作业除无调中转车的作业外，还包括车列的解体、集结、编组等作业。

5. 货车、机车日产量

货车日产量=运用货车动载重×货车日车公里

=（运行吨公里/运用车公里）×货车日车公里

=［重车动载重/（1+空车走行率）］×货车日车公里

式中：空车走行率简称空率，是货车在一次周转中空车运行距离（简称空周距）与重车运行距离（简称重周距）的比率，或者说是每一重车公里平均分摊的空车公里数，即空率=（空周距/重周距）×100%。

列车机车日产量=货物总重吨公里/［列车机车运用台数×时间（为全年天数）］

=列车总重×机车日车公里×调整系数/（1+单机率+重联率）

6. 一次货物作业平均停留时间

一次货物作业平均停留时间是指运载设备在一定时期内平均进行一次装（或卸）货作业所花费的时间。

7. 机车运用台数

机车运用台数=（列车公里/机车日车公里）×（1+机车辅助走行率）

8. 货车运用车数

1）货车生产率法

货车运用车数=年计划运行吨公里/［计划货车日产量×时间（为全年天数）］

2）货车日车公里法

货车运用车数=年计划货车走行公里/[计划货车日车公里×时间(为全年天数)]

3）车辆周转时间法

货车运用车数=日均工作量×货车周转时间

9. 铁路旅客列车车底周转时间

$$\theta_{客}=(2L_{客}/V_{旅}+T_{配}+T_{折})/24$$

式中：$\theta_{客}$——旅客列车车底周转时间，d；

$L_{客}$——旅客列车运行区间距离，km；

$V_{旅}$——旅客列车旅行速度，km/h，运行时间中包括沿途车站停留时间；

$T_{配}$——车底在配属站停留时间，h；

$T_{折}$——车底在折返站停留时间，h。

10. 铁路客车运用车数

1）某对旅客列车运用车底数

某对旅客列车运用车底数=每天开行该对列车次数×车底周转时间

2）某次旅客列车运用车数

某次旅客列车运用车数=运用车底数×车底编成辆数

3）铁路客车运用车数

$$铁路客车运用车数=\sum 某次旅客列车运用车数$$

复习思考题

1. 仓储设备的产出用什么指标表示？
2. 影响货车周转时间的因素有哪些？
3. 机车运用指标有哪些？
4. 车辆运用指标有哪些？

第7章

铁路运输价格

【思政目标】

学习党的二十大坚持问题导向精神，通过了解铁路运输价格的职能与特点，加强对定价理论的理解，思考和认识我国铁路运输价格的形成机制。

【内容概要】

从经济学的角度，铁路运输价格是其价值的货币表现，反映铁路运输生产活动所耗费的社会必要劳动时间。合理的铁路运输价格使铁路运输经营者获得收入，用以维持和扩大再生产，保持铁路运输部门与其他部门间的收入分配平衡，并且调节铁路行业与其他行业间的资源配置。此外，铁路运输价格还影响着生产力的布局。

本章介绍铁路运输价格的职能与特点、定价理论和价格形成机制。

【学习重点与难点】

学习重点：各种运输价格的定价方法。

学习难点：制定铁路运输价格时如何平衡各种利益关系。

7.1 铁路运输价格及其特点

7.1.1 铁路运输价格的意义

铁路运输价格是其价值的货币表现，是铁路运输部门从事客货运输生产所消耗的人力、物力。铁路运输产品的价格是铁路运输企业对运送货物、旅客、行李、邮件等向托运人或旅客收取的各项费用。

铁路运输价格关系到国民经济的发展和人民生活，也关系到铁路运输业的发展。

首先，铁路运价与工农业产品价格的比例，关系到工农业产品的成本和价格。以货物运输为例，货主向铁路运输企业支付的运输费用，是工农业产品价格的一部分，有的产品价格中运输成本所占的比重是比较大的。因此，铁路运价的高低，影响工农业产品的销售价格。

其次，铁路运输价格与其他运输方式的价格比例，关系到货主和旅客对运输方式的选择，影响着各种运输方式的合理分工和平衡发展。价格比例合理，能促进各种运输方式的合理发展，对建成综合运输体系起到积极的作用；反之，会使运输业畸形发展，使运价偏低的运输方式供给紧张，不利于综合运输体系的构建。

最后，铁路运输价格还关系到铁路运输行业本身的发展。运输价格在很大程度上决定着铁路运输企业的收入。铁路运输收入一部分用于铁路运输业的简单再生产，另一部分用于扩大再生产。前者包括支付给铁路运输职工的劳动报酬，这部分收入的多少对职工劳动积极性的发挥关系很大，影响着铁路行业吸引人才的竞争力；后者的多少，决定着铁路的自身发展能力，在我国铁路供给不足的情况下尤为重要。

7.1.2　铁路运输价格的职能

铁路运输价格在调节国民经济各部门的比例关系、资源的分配、平衡运输供求关系等方面都起着重要作用。

1. 运输资源分配的职能

（1）铁路运输价格决定着铁路运输业与其他行业之间的收入分配

目前，我国铁路运输供给尚不充足，运输价格的提高意味着铁路运输行业收入的提高，资金从铁路运输消费者手里转向铁路运输供给者。在此情况下，运输价格在很大程度上决定了社会资源在铁路运输行业与其他行业之间的分配比例。

（2）铁路运输价格对运输业内部起着收入分配的职能

在其他运输方式价格一定的条件下，铁路运输价格的高低调节着运输需求在不同运输方式间的分配，进而调节着运输资源在不同运输方式间的分配。这种收入分配职能决定了铁路在整个运输体系中的作用及其发展速度。

2. 社会收入再分配的职能

社会收入再分配是指运输价格对铁路运输需求者之间收入分配的调节作用。铁路运输消费者用社会收入初次分配获得的收入购买铁路运输服务，铁路运输价格的高低，决定着社会财富再分配中流向铁路部门的资金量。另外，铁路运输部门对不同需求者提供差别化的服务、收取不同的运费，在一定程度上对运输需求者起着收入再分配的作用。

3. 刺激铁路运输企业提高管理水平的职能

在自由竞争状态下，由于运输价格的需求弹性较大，铁路运输企业在运输市场上受到运输价格下降的压力。为了生存，铁路运输企业不得不通过提高管理水平来降低成本，在保证一定盈利水平的前提下，以较低的价格在市场竞争中争取较大的市场份额。

7.1.3　铁路运输价格的特点

铁路运输价格是铁路运输经营者为提供铁路运输服务所收取的费用，它是以铁路运输成本和价值为基础的。

一般来说，运输价格变动的趋势大体上是与铁路运输成本变动的趋势相一致的，铁路运输成本的升高最终将导致运输价格的提高。但是，在许多情况下，铁路运输价格的动态与铁路运输成本的动态往往是不一致的。一方面，因为成本是在不断地变化，而运输价格则必须保持相对的稳定；另一方面，运输价格的形成除取决于铁路运输成本这个主要因素外，还取决于铁路运输市场供求关系的变化和其他经济及政治因素。

铁路运输价格具有不同于其他商品价格的特点，这是由铁路运输业的特殊性所决定的。

1. 成本构成中没有物化劳动的转移

因为铁路运输生产不生产新的有形物质产品，只完成旅客和货物空间位置的变化，这种位置变化既不改变铁路运输对象的形态、化学成分，也不改变其数量。所以，铁路运输生产虽有物资消耗，但产品中没有物化劳动的转移。

2. 成本构成中折旧费所占比重较大

铁路运输生产依赖大量的线路、车站和移动设备，以及其配属的其他设备，属于资金密集型行业。固定资产的损耗和补充是铁路运输成本的重要构成部分。

3. 成本构成中能源支出所占比重较大

铁路运输中的能源消耗主要是用于机车运行的燃料、电力，装卸设备的燃料及生产照明的消耗。

4. 运输价格只有销售价格一种形式

由于铁路运输生产过程同时也是消费过程，因此，铁路运输价格只有销售价格一种形式。

5. 铁路运输价格与运输距离相关

由于在不同运输距离的条件下，铁路运输设备的使用效率不同，因此铁路运输单位产品的成本也不同。铁路运输收费依据货物质量（旅客人数）、距离两个因素，以每吨公里（人公里）收取若干元表示，称为吨公里（人公里）运价率。

6. 运输价格与时间有密切关系

运输是生产在流通领域的继续，其提供的不仅仅是空间的位移，还伴随着运输速度和具体时间点两个时间方面的问题。同样的人或货物的运输，因空间位移的速度不同，其运输成本和消费者的受益情况有所不同；因出发、到达的时间点不同，消费者的方便程度、受益大小是不同的。

7. 运输价格随运输方向而变化

客、货流的构成和在方向上的不均衡，所使用移动设备的类型及其载运能力利用程度，货物运送速度、发送批量和运送方式、运送条件，以及运输路径、自然条件等因素，造成铁路运输成本不同。

需求在方向上的不平衡会引起铁路运输成本在两个方向上进行分配的问题，需求大的运输方向价格中包含运输工具返程空驶的费用，即运载工具往返的费用需要由两个方向运输的旅客和货物来合理分担。

8. 铁路运价种类繁多

铁路运价种类繁多、结构复杂。不同的货物种类、数量，不同的旅客席别，采用不同的运输组织方式，则对应不同的运输成本，相应有不同的运输价格。

9. 铁路运输产品价值的特殊表现形式

如果铁路运输的物品用于生活消费，则其价值会随铁路运输过程的终止而消失；如果用于生产消费，则其价值会追加到商品的价值中去。

7.2　铁路运输服务的定价理论

制定铁路运输价格，不仅关系铁路系统自身的经营和发展，还涉及铁路系统与国民经济其他部门及不同运输方式之间的协调发展。因此，不仅需要从不同角度考虑铁路系统的成本、效益，还需要考虑铁路系统与社会效益间的利益关系及社会发展需要。

7.2.1　铁路运价的构成

运价是铁路运输价值的货币表现，因此铁路运输价值的构成决定了运价的构成。

铁路运输价值分为两部分：一是过去劳动创造的价值，或者称转移价值，即铁路运输生产消耗的设备、工具、燃料、材料和油脂等生产资料的价值；二是劳动者在生产过程中所创造的价值，包括劳动者为自己创造的价值（工资）和劳动者为社会创造的价值（盈利）。铁路运价是上述运输价值的货币表现，前两部分形成的铁路运输成本，后一部分为上缴国家的税金和企业利润。制定铁路运价，需要确定两个问题：正确核算铁路运输成本和合理确定铁路运输企业的盈利水平。

在理论上，上述 3 个组成部分中，铁路运输成本是指整个铁路行业的平均成本，不是某个铁路运输企业的成本；铁路部门的税金由国家决定；企业盈利以利润率表示，应该是全国各个行业的平均利润率。

铁路运输生产资料的价格变动，会直接影响铁路运输成本，但不反映铁路运输企业工作的好坏，只是盈利在不同部门间的重新分配，但是这种变动将影响铁路运输部门的利益。例如，当燃料价格上涨时，势必引起铁路运输成本的相应升高，如果运价不变，就意味着铁路运输企业利润的降低。这样不利于铁路运输部门的发展，也不利于调动铁路运输企业的生产积极性。因此，铁路运价与生产资料的价格间有必要建立联动机制。

由于铁路运价的变动对社会各行业产品成本与价格的影响面很大，因此铁路运价的调整须十分谨慎，往往还会考虑成本以外的其他因素。

关于利润率，经济学界提出分别按社会平均工资盈利率、社会平均成本盈利率、社会平均资本金盈利率和综合盈利率确定盈利和价格的 4 种算法。

1. 按社会平均工资盈利率确定盈利和价格

设社会工资总额为 $\sum V$、盈利总额为 $\sum M$，则社会平均工资盈利率为 $\sum M/\sum V$。若生产某种产品的部门平均物质消耗为 C，平均工资为 V，则平均成本为 $C+V$。按社会平均工资盈利率计算，该生产部门平均盈利额为 $V \times \sum M/\sum V$。则该产品价格的计算公式为：

$$产品价格 = C + V + V \times \sum M/\sum V$$

这种方法是以各部门的劳动报酬大体符合按劳分配原则为前提的，即各部门的平均劳动报酬水平大体与该部门的劳动复杂程度相适应。这种方法符合活劳动创造剩余价值的经济原理。依照这种方法，工资越多，按照平均工资盈利率确定的盈利额也越多。

这种方法的问题是资金有机构成低的部门、手工劳动比重大的部门处于有利的地位；而资金有机构成高的部门处于不利的地位。新兴部门机械化程度很高，需要大量投资，而盈利水平并不高；反之，技术落后甚至基本上还是手工生产的部门，盈利水平很高。这样显然不利于鼓励发展那些国民经济十分需要而又要求进行大量投资的部门，不利于对落后部门进行技术改造，不利于提高劳动生产率。

2. 按社会平均成本盈利率确定盈利和价格

设社会总成本为 $\sum(C + V)$，盈利总额为 $\sum M$，则社会平均成本盈利率为 $\sum M/\sum(C + V)$。若生产某种产品的部门平均成本为 $C+V$，按社会平均成本盈利率计算，该生产部门平均盈利额为 $(C + V) \times \sum M/\sum(C + V)$。则该产品价格的计算公式为：

$$产品价格 = C + V + (C + V) \times \sum M/\sum(C + V)$$

按社会平均成本盈利率确定价格的最大优点是简便易行，因为任何产品都比较容易取得其成本资料，作为制定价格的依据；其缺点有以下 3 个方面。

① 理论上不科学。因为按成本盈利率定价，意味着原材料、外购零配件在成本中所占比重越大，盈利也越多，而对于使用原材料少、消耗活劳动多、资金占用少的部门则处于不利的地位。由此形成只要成本一样，盈利也一样；付出活劳动少、占用资金也少的生产部门，同付出大量活劳动和垫支大量资金的生产部门获得同样盈利的不合理现象，同时也不利于鼓励企业降低成本。

② 没有考虑资金占用情况，不利于需要大量投资行业的发展。

③ 不利于专业化协作的发展，造成盈利的重复计算。

铁路运输业的成本项目中，没有原材料、零配件转移费用，所以按社会平均成本盈利率定价对于铁路运输企业是不利的。

3. 按社会平均资本金盈利率确定盈利和价格

设社会总资本金为 $\sum H$，盈利总额为 $\sum M$，则社会平均资本金盈利率为

$\sum M \Big/ \sum H$。若某种产品在生产中平均占用资金为 H，按社会平均资金盈利率计算，该生产部门的平均盈利额为 $H \times \sum M \Big/ \sum H$。则该产品价格的计算公式为：

$$产品价格 = C + V + H \times \sum M \Big/ \sum H$$

这种方法可以使资金有机构成高、资金占用量大的部门得到较高的盈利，有利于鼓励企业和部门采用先进技术和设备。这种定价方法的理论依据是社会生产发达到一定程度，则产生平均利润和生产价格，这时，商品也是资本的交换，等量的资金应该获得等量的盈利。在市场经济条件下，生产价格已开始形成，客观上要求按生产价格的原则来制定各类产品的价格。

按社会平均资本金盈利率确定产品的价格，也有不足的地方。它不利于劳动密集型产业的发展。因为占用的资金少，则盈利额小，按人平均计算的盈利额也小，会造成苦乐不均的现象。另外，这种方法在计算上还存在一定困难，要计算各类产品占用的资金量是不容易的。

按社会平均资金盈利率定价，有利于企业的技术改造、专业化协作的发展，对铁路运输这样占用大量资金的行业发展是比较有利的。

4. 按综合盈利率确定盈利和价格

综合盈利率是从以上 3 种方法派生出来的一种方法，即根据一定的比例分别按社会平均工资盈利率和社会平均资本金盈利率确定价格。

综合盈利率是以工资盈利率和资本金盈利率为基础组合的，也可以以成本盈利率参加组合，这要看是什么生产部门，有的生产部门适合于工资和资本金盈利率组合，有的生产部门适合于成本和工资盈利率组合，或者 3 种盈利率都参加组合。如果以工资和资本金盈利率组合，这就兼顾了劳动者和生产资料在生产中的作用，此法在理论上具有一定的合理性，但在实践中还很少采用，问题是要合理确定组合比例十分困难。

综上所述，铁路运价的制定是一项复杂的工作，除考虑以上因素外，还必须考虑运价本身的特点、铁路运输市场的供求关系、自然条件、历史因素、社会因素，以及其他政策性因素，甚至国际市场价格等的影响。

考虑定价问题时，需要注意的是，定价是一种资源配置的方法，不存在所谓正确的价格，只有可以实现预期目标的定价策略。

7.2.2　供需均衡定价理论

根据经济学中的效率原则，对某一产品或服务愿意支付最高价格的人可以享有消费的优先权。在市场经济中，价格决定生产哪些产品或服务，以及由谁来消费这些产品或服务。铁路运输也不应该偏离这一原则。西方经济学认为，在市场经济条件下，需求和供给决定市场价格。因此，在西方国家的运输产品定价中，把需求因素置于非常重要的地位。

下面，通过分析运输产品的需求价格与供给价格来说明运输价格是如何确定的。

运输产品的需求价格是指货主对于运输一定数量的货物所愿意支付的运价，它是由运输这一数量的货物对于货主的边际效用所决定的。效用是在商品和劳务价格及收入均为已知的情况下，购买是根据消费者的爱好所作出的。效用的意义是指满足欲望的功效，它是人们需要的一切商品所共有的一种特性。人们对于商品的需求数量增加，总效用也增加，但总效用按递减的比率增加，即边际效用是递减的，而这个边际效用决定了需求价格。在运输产品中，由于边际效用的递减规律，使得运输商品的需求价格也是递减趋势，即对于货主来说，当货主运送货物越多，在其他条件不变的情况下，其对每次多运的货物而愿意支付的运费越低，也就是说，运输需求价格由于边际效用递减规律的作用，是随着运量的增加而递减的。运输需求量与运价成反比例关系，即运价越低，运输需求量越大；运价越高，运输需求量越小。这一规律也称为需求规律，它可以反映在需求曲线上，如图 7-1 所示。图 7-1 中 D 是运输需求曲线，表明了运价与运输需求的反向变动关系。

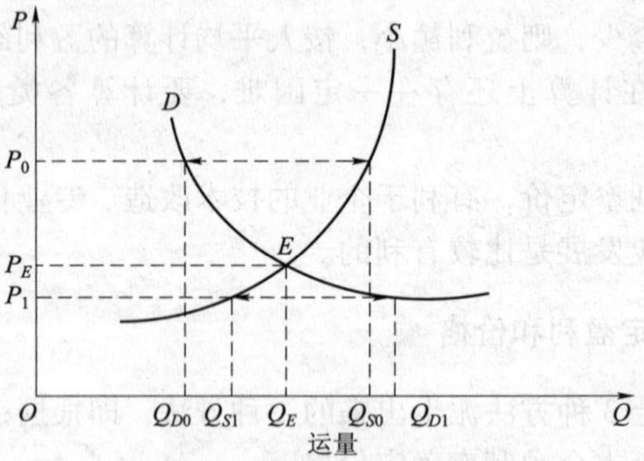

图 7-1 均衡价格的形成

运输产品的供给价格是指提供一定运输服务的运输供给者愿意接受的价格，它是由运输服务中所付出的边际生产费用决定的，运输产品的边际生产费用就是运输产品的供给价格。运输的供给量随着运价的提高而增加，随着运价的下降而减少，这是报酬递减规律作用的结果。因为，在报酬递减条件下，要增加运输供给就必须付出更大的成本，而使运价上升。在图 7-1 中 S 是运输供给价格曲线，表明了运价与运输供给成正比关系。对于运输企业来说，短期内运输设备及运输能力增长有限，运输企业只能通过内部挖潜来使供给增加，所以这种增长是有限的。但从长期来看，运输企业可根据需求调节运输供给，通过新建、扩建运输线路，增加运输设备，可以使运输供给提高较多，即长期内供给弹性较短期内大。

均衡价格是由市场供求关系决定的，其必要条件是市场必须是完全竞争的市场。完全竞争的市场必须符合下列条件。

① 市场上有大量的买者和卖者，任何一个买者或卖者都不单独影响这种商品的价格，该商品的市场价格是由整个市场的供求决定的。

② 同一产品都是同质的。

③ 各种生产要素可以自由流动，厂商可以自由进入或退出某一行业。

④ 市场信息是完全通畅的。

在上述完全竞争的市场条件下，运输市场上运输商品的均衡价格由运输需求和供给同时决定。在图 7-1 中需求曲线 D 与供给曲线 S 交于 E 点，供求双方达成均衡，此时对应的价格为 P_E、运量为 Q_E。如果这种均衡是稳定的，那么当市场背离均衡状态时，通过市场的力量就会自动恢复均衡并保持均衡的趋势。在图 7-1 中，如果铁路运输业者把运价定为 P_0，在较高的运价水平下，运输供给虽然上升为 Q_{S0}，但是运输需求会减少到 Q_{D0}，造成铁路运输市场上供过于求，这必然使价格下跌；如果运价在 P_1水平，由于运输供给减少至 Q_{S1}，而运输需求增至 Q_{D1}，又会造成运输市场上的供不应求，从而引起运价上升，促使运输企业提高运输能力，使供给价格与需求价格不断接近，当供给价格等于需求价格时，供需达到平衡，又形成均衡的运输价格。

在一个市场中，如果没有外来因素的干扰，一切处于竞争状态，需求与供给相互作用的结果，将达到一个市场均衡，此时需求量正好等于供给量，需求曲线与供给曲线相交，交点价格即为均衡价格。实际上，由于各种因素的存在，如政府的干预、垄断的存在、短缺在近期内无法解决等，使得供需不可能达到永久的平衡，多数时候是围绕着均衡价格上下波动，当价格偏离均衡价格太远时，就会出现剩余或短缺。

7.2.3　平均成本定价理论

平均成本定价理论是指在运量一定的情况下，运价总收入必须足以支付运输生产的一切开支，并能够提供足以吸引投资的必要利润。平均成本是指行业平均成本，所以平均运输成本是运价的最低限。以上叙述是静态的解释，从动态的角度，平均成本定价法是根据单位产品平均成本的变化，确定在不同运输量条件下产品价格的方法。在成本构成中，单位产品变动成本（C_V），固定成本（F），在一定时间、一定生产技术组织条件下，不随运量变化，单位产品平均固定成本（F/Q）随运量的增加呈下降趋势，如图 7-2 所示。根据平均成本曲线，即可求出计划期一定运量条件下的产品平均成本。在此基础上加上预计利润即可确定价格。用公式表示为：

$$P_s = F/Q + C_V + r$$

式中：P_s为单位运价；F 为总固定成本；Q 为运量；C_V 为单位运量可变成本；r 为单位运量合理利润。

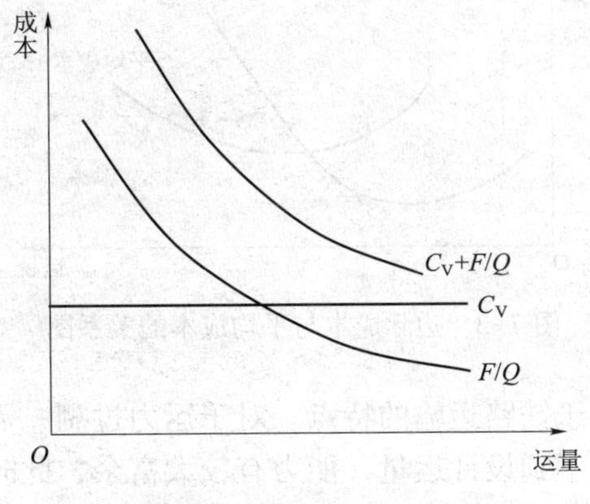

图 7-2　平均成本曲线图

平均成本定价理论适合于竞争不太激烈、运输市场不太活跃、货源比较稳定的运输线路或运输方式，是我国目前普遍采用的理论。

这种方法的优点是考虑了运输业的劳动消耗，特别是考虑了物化劳动和活劳动的价值，简单易行。它的缺点如下。

① 没有考虑运输市场的供求关系与运价的相互影响，无法使运价趋近于运输价值。

② 没有考虑到运输生产的特点。运输基础设施一旦建成以后，运输供给的增长，往往需要较长的时间，并且是跳跃式增长，而运输需求的增长往往是不间断地逐渐增长，供给和需求有一个时间差，不是超前就是落后，供给和需求绝对一致的情况只是一个短暂的时间，这一特点决定了按平均成本定价不能完全反映运输生产的实际消耗。当运输供给超前需求时，平均成本低于实际成本；当运输供给落后需求时，平均成本高于实际成本。

③ 没有考虑成本的差异和同等经营管理水平下收益的高低。运输企业的实际成本除受配件材料、燃料价格、职工工资水平和企业经营管理的影响外，还与线路技术条件、地理环境、线路附近工农业发展状况、资源情况等有关。因此，成本在各个地区、各条线路有很大差异，这些差异并不是企业经营管理造成的，以平均成本定价，必然使各条线路、各个地区铁路运输盈利高低不等，在多种运输方式存在的情况下，必然使运力向低成本高收益线路集中，而使高成本低收益，甚至亏损的线路运输趋向萎缩。

7.2.4 边际成本定价理论

边际成本是指增加单位运量而引起的总成本的增加量，它是总成本对运量的导数。

边际成本定价又称边际贡献定价，是为了追求经济效率而采取的一种定价方法。用公式表示为：

$$P_m = \mathrm{dTC}/\mathrm{d}Q$$

式中：P_m 为用边际成本确定的单位运价；TC 为运输总成本；Q 为总运输量。

在生产规模不变（即固定成本不变）时，边际成本实际上就是所增加的可变成本。边际成本随运量的变化而变化，它与平均成本的关系图如图 7-3 所示。

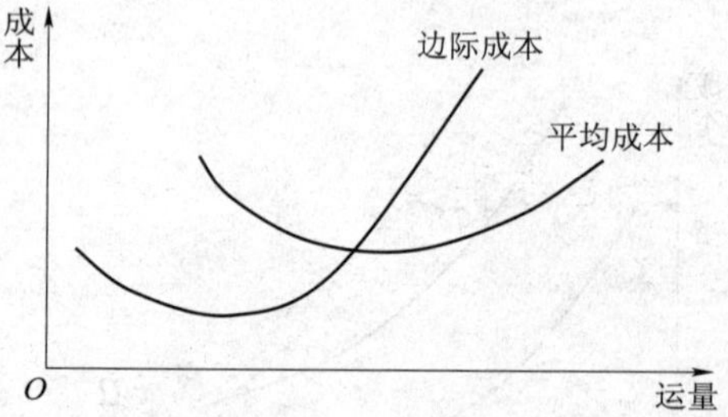

图 7-3 边际成本与平均成本的关系图

边际成本定价法很适合于铁路运输的特点。对于运力过剩、需求不足的线路，如新建铁路线路，在通车之初往往达不到设计运量，能力有较大富余，此时平均成本很高，边际成本却很低（见图 7-3）。如果按平均成本定价，一方面抑制了铁路运输需求，制约了经济发展；另一方面铁路运输设备闲置，造成资源浪费。如果以较低的边际成本定价，可以充分挖掘现有需求，既提高铁路运输设备的利用率，又可以为社会节省运费，促进经济的发展。

为了实现资源的有效利用，价格应该等于所提供产品或服务的机会成本，这一原理也适用于铁路运输价格，只有运价等于提供铁路运输服务的机会成本，社会为该服务付出的资源数量才是合理的。因此，使铁路运输活动经济效率最大化的定价条件之一，是运价等于短期边际成本。同时，使社会福利最大化还必须满足另一个条件，即总的支付意愿大于或等于所用资源的机会成本。

在运力供过于求、市场竞争激烈的情况下，采用边际成本定价，能及时通过调整预期边际收益来调整铁路运输价格，以便维持经营，保住市场占有率。对于货源充足、运力不足的线路，由于固定生产要素制约生产规模，当运量超过最优的定量水平时，边际成本就会迅速增加，并大大超过平均成本（见图 7-3），这时按边际成本定价，就可以限制运量的增长，缓解运力紧张的状况，迫使货源向其他线路或运输方式转移，使铁路运输布局趋于合理，并促使各种运输方式在其可替代的线路上逐渐形成合理的比价关系。因为增加运量必须追加投资，固定成本必然上升，所以，按单位运量总成本的增加量来定价，既考虑了实际成本，又考虑了长期供求状况，同时还可以满足分线、分地区制定运价的要求，从而避免按平均成本定价的弊端。

但是，边际成本定价也存在缺陷。由于边际成本只考虑成本的边际变动状况，不考虑总成本的状况，当边际成本长期小于平均成本时，就会造成铁路运输企业的亏损，阻碍铁路运输企业扩大再生产的顺利进行。

社会福利在价格等于边际成本时达到最大。因此，边际成本定价是福利经济学家主张的定价观点，把价格看作资源配置的方法，用以使社会福利最大化，而不是使供应者的经济效益最大化。

传统的经济理论假设厂商的目标是使利润最大化，为了达到利润最大化的优化价格，可能不同于使社会福利最大化或是保证最高的销售收入所需要的价格。这时，利润最大化的价格将导致收费超过边际成本和平均成本。

7.2.5　效用定价理论

铁路运输的效用是把货物和旅客由一地运到另一地。人的空间位移的经济效果，因其出行目的不同有很大差异，不易用一个具体数字度量。货物空间位移的经济效果，可以用所运商品在两地间的价格差减去运输费用后的差额表示，这一差额反映了铁路运输服务为托运人创造的经济价值。商品在两地间的价格差是托运人为获得铁路运输服务而愿意支付的最高价格，如果收费超过此限额，货主便不再运输货物。

这里涉及对铁路运输价值的理解问题。经济理论界对铁路运输价值有不同理解，一种观点认为，铁路运输价值是在托运人愿意运输货物的情况下，能够收取的最高运费，或者是铁路运输该产品和不运输该产品两种状态下，托运人将得到的净收入的差额，铁路运输价值的大小反映了托运人对运价的承受能力，与运输成本无关；另一种观点认为，铁路运输价值就是铁路运输生产过程中消耗的社会必要劳动时间，运价反映的是运输成本和运输企业应获得的利润，与货主获益多少无关。现实中，托运人考虑的是前者。

7.2.6 负担能力定价理论

按负担能力定价是根据人或货物的承受能力收取运输费用的定价方法，以对铁路运输的需求而不是以铁路运输成本为基础。

按负担能力定价有以下两种解释。

① 每种货物对运价的负担能力不同，有的货物可负担的费用高一些，如黄金、高档服装等产品自身价值高，对运价的负担能力大，运价高低对它的市场价格影响不大；而煤炭、粮食等低价值的货物对运价的负担能力比较小，运价的高低对它的市场价格影响较大。因此，货物运价应该根据货物对运价的负担能力来确定。旅客运输中不同收入阶层、不同出行目的的人对运价的负担能力也不一样，同样可以收取不同的费用。

② 对每种货物要考虑它的运量情况，对运量少、价值高的货物收取能提供尽可能多的固定费用的运价。例如，在图 7-4 中，*DD* 代表某货物的需求曲线，*CC* 为单位变动成本线，如运价定为 *OR*，总收入为面积 *ORPQ*，提供的变动成本为 *OCAQ*，提供的固定成本为 *CRPA*。如果收低运价 OR_2，则提供的固定成本为 $CR_2P_2A_2$。但在两者之间，当运价为 OR_1，则提供的固定成本最多，为 $CR_1P_1A_1$，运价定于此处，最为有利。

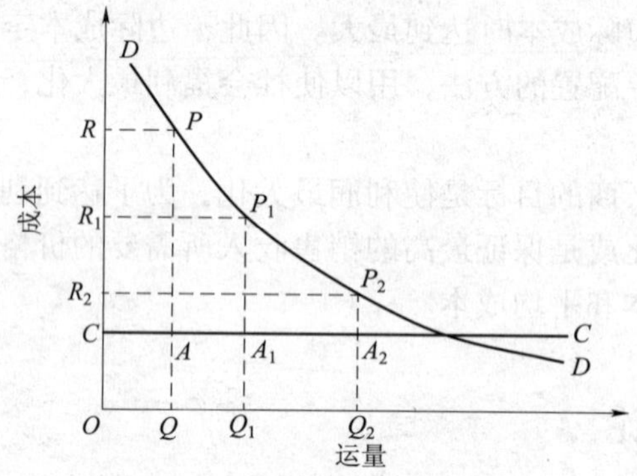

图 7-4 按负担能力定价原理图

以上两种解释基本相同，后者对前者作了详细的解释，但含义又不如前者明确。因此，把二者结合起来才能就把问题说清楚，之所以贵重货物要负担更多的运费，是因为除不影响市场价格外，主要是多收贵重货物的固定费用，这样对铁路运输企业有利，又能为货主所接受。

负担能力定价法实质上是一种价格歧视的方法，用于当平均成本定价法不合适、边际成本定价法又需要补充的时候，收取使用者愿意负担的费用，使运价可以补充边际成本，或者是试图确定每个消费者（群体）愿意为铁路运输服务支付的最大数额。

价格歧视不仅能使运输供应者收回其成本，还有助于保留享受这种服务的旅行者和托运者，尽管有时有必要使运费有差别，还有必要使服务质量有差别。

价格歧视表现在许多十分相似的服务收取不同的票价。在经典模型中，增加收入的办法是以同一产品向不同的顾客群体收取不同的价格，是市场经济条件下生产企业常用的方法。

同时，收益管理中则常常会有产品质量或其他形式的差别，这意味着向顾客提供服务时有成本差异，如目前航空客运服务的价格。

按负担能力收费与按运输效用定价之间存在矛盾。例如，某贵重商品在 A、B 两地的价格相差无几，则其在 A、B 之间铁路运输的需要是很少的，当铁路运输价格以两地间该商品价格的差距来衡量时，尽管货物价值高，这种铁路运输价值与其负担高运价的能力并不一致。还有些人认为，实行按运输负担能力收费，低价值货物实际是受了高价值货物运费的补助，这对于货主来说是不公平的。此外，处于垄断经营的铁路运输企业可能对每种运输服务都尽可能收取最高的运费，获取高额利润，从而侵犯公众的利益。在运输市场中，铁路运输经营者都想按运价负担的能力对高价货物多收费，但竞争的力量对此有制约作用，铁路运输价值也规定了最高限度，运价过高货主便不再运输该货物。

7.2.7　公共产品定价理论

铁路运输产品具有公共产品特性，可以进行一定程度的价格评价，实行计价付费。但是铁路运输产品的价格评价计量有时是不完全的，其数量与价格之间的关系也不像私人物品那样明显，数量变化并不完全受价格影响，不能完全由市场供求关系决定，政府只好采取行政手段对铁路运输产品的产量和价格作出决定。

由于公共产品的特殊性，其价格一般由政府制定。目前，政府定价主要有国家定价和国家指导价两种。

1. 国家定价

国家定价是由县级以上各级政府物价部门、铁路运输主管部门，按照国家规定的权限制定并负责调整的铁路运输价格。目前，我国对国家铁路的客运和航空公布的客货运价实行国家定价。由于国家铁路和航空运输由国家直接参与经营，具有较强的垄断性，因此其价格由国家直接制定并实施管理是很有必要的，否则会扰乱正常的运输秩序。但按“有控制的市场价格”模式，国家定价不等于“固定价格”（在制定时主要考虑铁路运输价值而很少考虑其他价格形成因素），在定价时，除反映铁路运输价值外，还要考虑铁路与其他运输方式之间的比价关系等。同时，还应根据运价指数的走向，定期与不定期地对运价进行调整。

2. 国家指导价

国家指导价是由县级以上各级政府物价部门、铁路运输主管部门通过规定基准价、浮动幅度或最高、高低保护价等形式制定的铁路运输价格。

目前，我国对于水路、公路中的旅客运输和属于国家指令性计划内的铁路货物运输均实行国家指导价。由于我国水路、公路、铁路运输市场竞争机制已基本形成，从理论上看，可不失时机地全部实行市场调节价。但是，目前对于旅客票价，以及属于关系国计民生的重要物资、抢险救灾物资等列入国家指令性计划的铁路运输价格仍不宜仓促放开，否则会造成社会不安定或对人民生活带来较严重的影响。即使如此，国家还是应该兼顾铁路运输企业的经济利益，由国铁集团根据市场供求情况在规定的浮动幅度范围内自主定价。

7.2.8 我国铁路运输现行价格

我国铁路现行运价实行全国统一价格，主要依据的是平均成本定价理论，即根据全路换算吨公里平均成本，加上一定的利润。

旅客运输价格分别考虑座席、列车、距离的区别。座席差别价格的基础票价是硬座的票价，其他席别基本按照每节车厢的座席数进行折算，原则是当距离一定时每节车厢座席数与票价的乘积大致相等。列车别票价是以普通旅客列车为基础，快速列车收加快费。距离别票价遵循递远递减规则，将发送与到达费用分摊到距离之中。

货物运输价格等于运输费用与电气化附加费、新路新价均摊运费、建设基金三项之和。货物运输费用分为发送和到达、运行、服务 3 个部分。发送和到达收费为全国统一价格，运行收费按货物品类和运输距离计算。货物运输价格还考虑了货物和列车的种类。分品类货物运价率除由于不同种类货物各运输环节的作业成本包括风险成本不一样外，还可看出按负担能力定价的影子，负担能力强的货物运价率较高。分列车价格主要是考虑货物列车的运行速度（货物在途时间的长短），快运货物加收快运费。

7.3 铁路运输基础设施定价

我国铁路运输基础设施收费问题，由于铁路经营的特殊性一直未得到重视，前些年改革中尝试客货分离，部分铁路局成立铁路客运公司，实行独立核算，向旅客列车途经铁路局缴纳路网使用费，铁路基础设施定价的问题浮出水面。尽管由于各种原因，铁路旅客运输又回归于客货一体化经营，但如何合理确定铁路基础设施收费，仍然有探讨的必要。

1. 铁路列车租赁经营问题

现在已存在铁路列车的租赁经营，如行包专列，包括中铁集装箱公司、中铁快运公司、中铁特货公司开行的集装箱专列、小汽车专列等，租赁经营者须向铁路总公司缴纳线路使用费。现实中还有一些大型物流公司，具有不定期组织点到点直达列车的能力。随着铁路运输经营进一步向社会开放，还会有更多的经营者加入，如何合理收取铁路线路使用费、铁路车站（货场）使用费，是一个亟待解决的基础问题，需要铁路部门出台一套规范的收费方法。

2. 铁路职能合理划分问题

铁路基础设施具有双重作用，一方面发挥着支持铁路沿线地方社会经济发展的作用，是政府职能，应该由政府负责按政治方法解决；另一方面发挥着满足运输市场需要的作用，属于企业职能，由企业负责按市场经济方法运作。将铁路基础设施的收费按职能分开，才能使铁路运输经营走向市场，与我国的市场经济体制接轨。例如，青藏铁路不可能按完全成本定价，如果按照建设与运营成本收取线路使用费，客货列车的价格将会高到旅客和货主难以承受的程度。但按现行标准定价，铁路部门无法通过运输经营收回投资。如果铁路部门是市场主体，自负盈亏，就不会建设青藏铁路。

解决的办法是铁路部门按运输市场成本承担和经营相关的那部分建设与运营费用，政府承担其余的建设和运营费用。事实上也是如此，只是没有明确算账，铁路部门代表国家投资建设和经营那些经济上亏损的铁路线路，亏损额由其他线路的盈利来弥补。但这种暗补的方法损害了铁路经营者及职工的利益，对铁路系统的发展是不利的。

瑞典铁路实行上下分离改革前就是将铁路网分成盈利、亏损两部分，盈利的部分向国家上缴利润，亏损的部分享受国家补贴。尽管都由当时的瑞典国铁公司负责经营，但两部分线路分别算账。在我国铁路进行市场化改革之前，这种方法值得借鉴。

通过铁路基础设施职能划分，制定合理的收费标准，可以为我国铁路运输经营走向市场化创造条件。

3. 铁路运输中的公平问题

不同铁路线路建设成本差异很大，因设备配置不同、运量不同导致单位产品成本的不同，理论上应实行分线运价，并考虑不同线路上的市场竞争、需求状况。

现行铁路运输价格实行全国统一价格标准，不同线路上的旅客、货主间存在交叉补贴的不公平问题。还存在铁路和其他运输方式间的不公平竞争问题，因为铁路实行统一运价而其他运输方式实行市场运价，在运输成本低（地理地质条件好、运输能力大、需求量大）的线路上，其他运输方式价格相对铁路较低，旅客和货主采用其他运输方式的较多，铁路部门得不到应有的市场份额，优势不能充分发挥，自然也无法获得较多利润；成本高（地理地质条件不好、运输能力小、需求量小）的线路上，其他运输方式价格相对较高，旅客和货主放弃其他运输方式而选择铁路的较多，但铁路部门仍然只能亏损。这使铁路在与其他运输方式的竞争中处于不利地位，不符合市场经济公平竞争的原则。

运输基础设施收费方法包括拥挤定价、互不补贴定价、拉姆齐定价等方法。

7.3.1　拥挤定价

运输需求是波动的，而运输服务是一种时效性产品，不能存储。对于运输供给者来说，固定设备和生产能力在一定时期内是固定不变的，供给能力很难与经常变动的需求保持平衡，这样在需求高峰时期就会供不应求，即发生拥挤。如何满足高峰时期的需求是运输部门必须考虑的问题。

拥挤价格理论是采用经济的办法来解决拥挤问题。以公路为例，假定边际费用价格不变，道路发生拥挤时车速降低，导致道路通行能力降低，人和车的时间损失费用升高，平均费用和边际费用均增大。

由于驾车人只意识到行车的平均费用，而实际交通量由平均费用曲线和需求曲线的交点所决定。但是，从社会总效用最大的角度，边际费用与需求曲线的交点所确定的交通流量才是最理想的，理想流量可以减少拥挤造成的损失。如何把实际流量减少到理想流量，主要方法是对车辆征收等于边际费用与平均费用差额的税金，使驾车人意识到平均费用已提高。这种税金称为“拥挤税”，作为政府的财源，用于扩大交通运输供给、公共交通补贴等。

在理论上，当交通运输发生拥挤时，社会总成本会随着使用者的增加而迅速上升，此时，有效的运价是实行拥挤收费。通过拥挤收费抑制对交通运输的需求，减少由于拥挤带来的成本增加。这是一种经济手段，受到很多经济学家的推崇，但是实际上往往遭到社会的反对，因为实施拥挤收费是有条件的，如对私人小汽车收费，需要有比较好的公共交通系统供居民出行，当客观条件不满足时，就得不到消费者的支持。

铁路运输和道路运输有所不同，拥挤（供不应求）带来的社会成本增加表现在两个方面：一方面，由于拥挤，消费者的费用增加，如旅客买票排队时间延长、因不能随时买到票而等待出行，甚至买不到票而不能出行、运输途中因拥挤而服务质量下降等，货物运输中等待运输的时间费用增加，由此引起对生产和销售的不利影响等；另一方面，铁路部门为缓解需求高峰时期的供求矛盾、减少因供不应求给社会带来的不利影响，会储备一定的能力，包括线路与车站、机车车辆、人员等几个方面，这些能力在需求淡季会有闲置，造成供给总成本的增加。

在理论上，若在需求超过正常供给能力时收取拥挤费，会抑制部分需求，从而抑制社会总成本的急剧上升。这和市场均衡定价理论原理是相同的，只是我国大陆地区还没有进行过这种尝试，主要原因是部分铁路运输需求是刚性的，如果收取拥挤费可能给社会经济和人民生活带来不利影响，而区分需求弹性的大小又很困难，还可能造成消费者间的不公平待遇。

7.3.2 互不补贴定价

某一运输设施的所有使用者作为一个整体，应该补偿该设施的全部成本，而且价格使任何一个使用者群体都不能通过取消其他使用者而使自己对运输系统的利用变得更好，即不存在交叉补贴。

互不补贴定价是有效率定价原则的扩大：运输设施的多个使用者形成的群体和多项服务，运输总收入大于或等于总成本。

互不补贴定价也是运输设施成本分摊的一种方法。为了有效地分摊运输固定设施成本，需要找出引起成本的使用者。互不补贴定价原则不注意那些如果被取消却并不会导致固定运输设施成本减少的运输，但如果某项运输的取消会导致有关的运输设施被废弃，则该设施的费用就是由这项运输的使用者所引起的。

互不补贴定价所决定的运输固定设施成本分摊方法，大大减少了由于多个使用者共同使用基础设施所导致的成本计算不准确性和任意性。

与有效率定价原则相比，互不补贴定价原则的使用条件放宽了一些，但它还是只能适应长期运输成本与短期运输成本的区别不是很清晰、固定成本与沉淀成本的区别也不是很清晰的情况，它对运输需求与运输基础设施能力可及时随价格变化而协调也有比较严格的要求。所以，互不补贴定价仍然不能完全解决运输固定设施成本回收问题。此外，由于对运输需求的预测往往不能十分准确、运输能力对需求量的反应也往往显得迟钝，因此互不补贴定价原则的使用会有偏差。

如前所述，目前我国的铁路运输定价存在互相补贴问题，因此在定价时有必要考虑互不补贴定价原理。

7.3.3　拉姆齐定价

拉姆齐定价理论又称次优定价法，即在最优（福利最大化）定价无法实行的情况下，分摊固定设施成本，利用不同使用者群体的需求价格弹性差别作为分摊固定成本的基础。由于费用递减企业以资源分配最佳为原则，按照边际费用定价，企业收支会出现赤字。边际费用不包含固定费用，是导致企业亏损的主要原因。拉姆齐价格理论的指导思想是既考虑企业收支平衡，又尽可能实现资源分配最优化，它围绕边际费用价格理论，提出改善措施。

为了收回固定费用必须制定高于边际费用的价格，这样价格与边际费用之间就形成了一个价格差，这个价格差控制在什么幅度内，才能使消费者剩余的减少最小化，是拉姆齐定价理论关注的核心问题。

需求与价格之间的敏感性有大有小，价格差（即价格与边际费用的背离）应当与需求价格弹性成反方向，即对需求价格弹性大的需求制定与边际费用背离幅度小的价格，对需求价格弹性小的需求制定与边际费用背离幅度大的价格。这样做的好处是对需求价格弹性大的需求缩小价格差，可以相对地减少需求量的下降，对价格弹性大的需求加大价格差又不至于引起需求量的大幅度减少。相对于比不考虑价格弹性而制定的背离程度相同的价格来说，可以从总体上减少需求量的下降。由于需求量的减少幅度最小，因而消费者剩余的减少也就是最小的，可以获得比较理想的效果。

从根据需求价格弹性来决定价格与边际费用背离程度来说，拉姆齐定价是一种垄断性的差别定价。利用该理论可以决定拥挤税的税率，即当高峰期价格弹性小时征收与边际费用背离幅度大的高税率，当非高峰期价格弹性低时，征收与边际费用背离幅度小的低税率。

有些观点认为，拉姆齐定价法只能应用于剩余固定设施成本的分摊，即应该先利用互不补贴定价将固定设施成本的主要部分在不同使用者群体之间进行分摊，分摊不完的部分再使用拉姆齐定价法。

用效率定价、互不补贴定价、拉姆齐定价在不同使用者之间分摊固定设施成本的理论还可以应用在更多的领域。例如，对提供给多个使用者同时又会产生不可归依成本的运载工具，也不可避免地存在着成本分摊问题。成本的不可归依性在运输业的经营中常常发生在边际成本小于平均成本的阶段。

从上面的叙述可以看出，拉姆齐定价在铁路运输定价时有一定的参考性。

7.4 铁路运输价格管理

7.4.1 运价管理的概念和意义

运价管理是国家根据《中华人民共和国价格管理条例》对铁路运输价格的行政管理。加强运价管理对保持运输市场价格的基本稳定、安定人民生活、保障经济建设顺利进行具有重要意义。

运价管理是在维护国家利益、追求社会效益最大化的前提下，兼顾运输企业、运输需求者的合法经济权益，在运输企业及其职工、消费者之间进行合理的利益分配。

7.4.2 运价管理的原则

国家对运输价格的管理采取直接管理和间接控制相结合的原则，根据对国计民生的影响分别实行国家定价、国家指导价和市场调节价 3 种价格形式。鉴于铁路运输对国计民生的影响，我国铁路运输价格在未完全过渡到市场经济前，以国家定价为主，铁路总公司对某些运输产品的价格可在一定范围内浮动。

运价管理工作实行统一领导、分级管理的原则。铁路总公司代表国家管理全国铁路运价，研究拟定铁路运价规则、运价改革措施等；部分收费如装卸等，执行地方各级运输部门和物价部门制定的价格。铁路运输价格受国家物价部门和公众的监督。

铁路运输价格的制定和调整，应体现铁路运输价值，反映供求关系，考虑不同运输产品质量分等级定价，并根据运输市场竞争状况和公平竞争、利益均衡的原则，确定铁路与其他运输方式之间的比价。

7.4.3 运价管理的内容

1. 监督执行国家批准的运价

由于我国铁路目前政企不分、供给不足、垄断经营等特殊情况，铁路运输价格采用的是国家定价，即由铁路总公司根据铁路运输成本变化、铁路运输企业盈利水平变化等情况，研究提出调价的幅度、范围、方案，上报国家铁路局、国家发展和改革委员会、物价局，作为审批依据。获得批准后，各铁路运输企业遵照执行。

国家铁路局作为国家铁路主管部门，代表国家监督运价的执行情况，对铁路运输企业进行检查、监督，对违反运输价格的行为，根据有关法律和规定进行处理。

铁路总公司及铁路运输企业还需接受国家物价部门、媒体和公众的监督。

2. 掌握运价浮动情况

铁路运输价格受多种因素影响，当这些影响因素变动达到一定程度或出现新的影响因素时，就需要对铁路运价进行调整。根据规定，铁路运输企业可以根据运输市场供需状况或其他需要，在一定幅度内调整运价和其他收费标准。但铁路运输企业在采取运价浮动措施时，必须按权限得到国家铁路局、国家物价部门的允许，必要时需进行社会听证。

实行浮动运价，国外一般伴随着运输价格的上下限管制。在货运领域，运价的管制分为运价水平和运价结构两部分，运价水平是指运输行业运价总水平提高的百分比；运价结构包括一个公布的运价表和一系列受管制的、针对不同货物和不同地区的运价减让办法。客运的实际运价原则上都需要公布。运输公司之间的竞争表现为针对不同类别旅客的票价折扣。

1）运输价格上限的确定

对铁路这样可能形成垄断或缺少竞争的运输服务，为了防止垄断，政府一般都采取制定价格上限的方法，旨在防止运输企业追求过高的垄断利润，从而使消费者遭受损失。价格上限是由政府通过对运输行业进行测算，确定企业平均生产成本和边际生产成本后来决定的，如图 7-5 所示。在理论上，政府制定的价格上限应该处于垄断定价和平均成本定价所得出的两种价格之间，即处于如图 7-5 所示的 P_1 和 P_2 之间，一方面限制运输企业获取过高的垄断利润；另一方面由于其高于平均成本而不会导致运输企业亏损。在实践中，由于垄断企业自身所面临的市场需求曲线难以估计和描述，政府制定价格上限往往是困难的，比较普遍的做法是制定一个适当高于企业平均成本的价格上限。

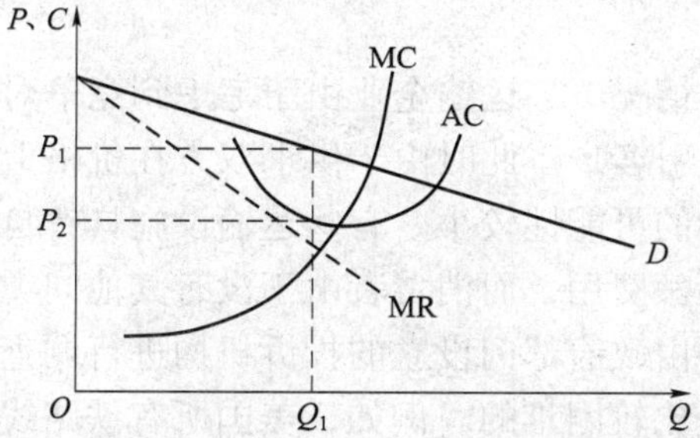

Q—产量；P、C—价格、成本；MC—边际成本；
MR—边际收入；AC—平均成本；D—需求曲线

图 7-5　价格上限的确定

2）运输价格下限的确定

在非完全竞争的市场中，已有企业为了阻止新的竞争对手进入市场，会依仗自己先进入市场的优势，以低于生产成本的价格提供产品或服务，或者在市场竞争激烈的情况下，互相压低价格以争取市场占有份额，这时规模较大的企业会依靠相对雄厚的经济实力将价格降到生产成本以下，力图挤垮较弱的竞争对手。这种情况一般出现在容易形成垄断的行业。为防止出现这种不正当竞争，政府会采取限制价格下限的措施，下限一般为企业边际生产成本。

3. 研究差别运价

我国铁路实行的是差别运价，不同的货物类别、不同的旅客列车及座席、不同的运输距离，执行不同的收费标准。随着铁路运输设备的更新和新运输技术的应用，货物或旅客运输产品的成本会相应发生变动。研究这种变动，适时进行适当调整，是保证差别运价合理性的必要工作。

4. 控制运价水平

经济活动中的无效率大多与价格水平的不适当有关。价格是引导消费者和供给者的有效信号，过低的价格导致某些产品或服务的需求过于旺盛，但生产者却无法增加供给；过高的价格会引起生产者在缺少足够社会需求的产品或服务上投入过多资源。铁路运输价格是铁路运输服务消费者与供给者作出决定的因素，运价决定了铁路运输服务的数量和种类，也决定了需求者的满足程度。

5. 运输价格审批

价格审批是指运输企业制定运输价格在其实施之前必须经政府主管部门审批。价格审批是为了防止运输业垄断利润的产生。政府在审批过程中必须为每一种运输服务先找到一个价格上限，只有这样才能起到价格审批的作用。否则，没有根据的批准或驳回企业的价格计划都具有盲目性，会对运输市场产生冲击，无法从宏观上管理好运输价格。

6. 处理运输价格投诉

在运输市场存在竞争的情况下，运输企业由于考虑到竞争对手的存在，会将运输价格定在一个相对合理的水平以吸引客户。此时由于供求双方在价格上的不一致完全可以由市场来调整，因而产生消费者投诉的可能性较小。有些运输设施具有自然垄断特性，运输服务提供者可能借此向消费者收取高额费用，而消费者由于没有其他同类服务可替代，不得不使用这种运输服务，这种情况需要由政府部门设立的投诉机构进行调查处理。

价格投诉的处理有时是比较困难的。例如，美国所有铁路线的废弃都需要经过必要的审批程序，但主管部门州际商务委员会，在有关听证会上，主要关心的是所在地区及托运人关于为什么应该保留该铁路的陈述，而铁路经营者本身关于保留这些服务的成本及财务问题却一直得不到重视，结果管制者成为一种象征，就是要继续维持所有已经不经济的铁路服务。另外，关于运价“长短途歧视”的规定，即铁路公司被禁止对长途运输收取低于短途运输的运费。该规定看起来是公平的，因为运输成本确实与运距有关，一般总是运得越远成本也会越高，那么收费也应该越高，否则短途客户就受到歧视。但铁路的运输成本中固定费用占的比重较高，而且每一批运量在不同线路、不同方向和其他运输条件下都各不相同，很难判定某一批较长距离运输货物的成本就一定高于另一批较短距离运输货物的成本。此外，这一规定也限制了铁路公司根据实际情况采用拥挤收费或互不补贴收费。在某些情况下，如果以公平为准则，会忽视运输企业在决策时对运价与机会成本的比较，而这种对比是经济上有效率的基础。

7.5 铁路运输价格的形成机制

铁路运输价格的制定与管理，如何做到既考虑铁路部门的生产效率与利益，又要追求为社会生产和生活提供方便经济的运输服务，在一定程度上与运价的形成机制有关。

7.5.1 运价形成机制的内容

一定时期的运价管理体制决定于当时的经济管理体制。在市场经济条件下，市场是资源配置的主要手段，通过市场使资源达到优化配置，反映到价格上就要求以市场变化为基础，形成较为灵活的价格形成机制。价格形成机制是指依据一定的价格形成原理，通过价值规律的作用而形成运价的决策制度。运价形成机制主要包含两方面内容：

① 运价形成的主体，即运价制定、运价调整和运价管理的主体；

② 运价形成的方式。

我国目前的铁路运输价格基本沿袭计划经济时期的模式，运价形成的突出特点是集中统一，即运价制定主体、管理主体和调整主体都是国家。虽然说这种集中统一的运价形成机制对稳定物价、促进商品流通、方便人民生活起到了积极的作用，但是它给铁路运输业的发展带来较大困难。僵化的运价体制造成运价既不反映铁路运输价值，也不反映市场供求状况，运价的制定、管理和调整似乎仅仅是为了其他行业或部门，作为国民经济基础构成的铁路运输业本身所具有的经济规律性和运行法则被忽视了。

随着我国市场经济的发展，运输市场的完善，铁路运价的形成机制应当得到进一步理顺与调整。运价的形成更多地依据价值规律、市场运行原则。政府应放松对运价的管制，给铁路运输企业比较多的、相对灵活的定价权利，使铁路运输企业在保证国民经济迅速发展的同时，自身也能得到长足的进步。

1. 铁路运输价值形成的特点

铁路运输生产创造价值，运输价值决定于铁路运输生产过程所消耗的社会必要劳动，但是与其他商品比较铁路运输产品价值的形成，具有以下不同的特点。

1）铁路运输价值的货币表现形式为流通费用

铁路运输表现为生产过程在流通过程中的继续，铁路运输价值的货币形态也就表现为流通费用，其特殊意义是铁路运输产品的使用价值只有在商品的消费中才能实现，在商品生产时代，商品空间位置的变化是商品被消费的必要条件。投入在铁路运输生产中的铁路运输设备价值和活劳动价值，其货币形式表现为流通费用，以追加价值的形式追加到所运输的产品中。

2）铁路运输的货物价值与铁路运输产品的价值无关

在铁路运输过程中，并不改变所运货物的性质和形态，也不生产新的实物形态。铁路运输产品是所运对象空间位置的变化。作为铁路运输生产过程劳动对象的货物，不构成铁路运输产品的实体，其价值不构成铁路运输产品价值的组成部分。所以，铁路运输业产品的社会劳动耗费，取决于铁路运输生产过程的自然条件及设备类型，与所运输的对象本身价值大小无直接关系。

2. 制定铁路运价的原则

前述介绍的各种定价理论，各有利弊。制定铁路运价时，应当吸收上述理论的优点，避免其弊端，以价值理论为指导，考虑市场经济发展要求，以铁路运输的成本、价值为依据，合理调节铁路与其他行业间的收入平衡，使之有利于铁路的发展和综合运输体系的形成，具体原则如下。

1）以铁路运输价值为基础

制定铁路运价应该尽可能符合或接近铁路运输产品的社会必要劳动消耗量，反映价值规律的要求，使铁路运输生产过程中所消耗的活劳动和物化劳动都得到补偿。这就要求合理确定以货币表示的铁路运输部门的物化劳动和活劳动的消耗量，并合理确定利润。

2）以铁路运输边际成本作为定价的依据

成本是定价的基本依据之一，但以哪种成本作为制定运价的依据，在理论界存在争论。根据我国的实际情况，从价值规律作用的程度和供求关系的影响来看，以边际成本定价，有利于铁路运输企业在公平的基础上开展与其他运输方式的竞争，以更多优质运输服务来满足国民经济对铁路运输的需求。

实行边际成本定价，铁路需要有足够的供给能力，并且需要将政府职能与铁路运输企业职能划分开。

3）为实现国家在一定时期的经济任务服务

铁路运价以运输价值为基础，并不意味着运价与价值的完全一致。在制定铁路运价时，一方面要以价值为基础；另一方面要考虑国家在一定时期的政治经济任务，使运价与运输价值在一定程度、一定方向上有所偏离，充分利用铁路运价这个经济杠杆的调节作用，为国家经济建设服务，即铁路运价要有利于促进工农业生产的发展、促进合理运输和生产力的合理布局、提高铁路运输工具的运用效率、实行优质优价、提高铁路运输服务质量等。

4）充分考虑运输市场的供求关系

在市场经济条件下，运价必然受市场供求因素的制约。市场供求关系影响铁路运输价值形成，决定铁路运输价格偏离铁路运输价值的方向和程度，决定短期运价水平与变动趋势。所以，市场价格的形成与变动要受供求关系的支配和影响。供求关系客观上反映了铁路运输生产和需求之间的矛盾运动，客观上要求两者保持一定的比例关系，包括运力与运量、服务质量等方面，它是社会再生产正常进行的一个必要条件。只有反映了运输市场的供求关系，铁路运价才能充分发挥其调节作用，适应市场经济发展的要求。但市场供求关系不是决定铁路运输价值的直接因素。

5）充分考虑不同运输方式间的比价关系

不同运输方式有不同的运输成本。单位运输成本和边际成本，在一种运输方式内还有不同的线路、区域和区段，其成本相差很大。在制定运价时，除充分考虑各种运输方式的运输成本外，还应当考虑各种运输方式之间的比价问题，比价不合理有可能加重某一种运输方式的负担，使另一种运输方式的潜力不能充分发挥，不能促进合理运输和各种运输方式的合理分工。所以，制定铁路运价时需要充分考虑各种运输方式的比价问题。

6）注意运费在商品价格中的比重

铁路运价需要适当考虑负担能力问题，注意运费在商品价格中的比重，实行不同货物区别运价。

7）考虑沉没成本问题

既然某项成本已经支出，成为无法改变的事实，企业在进行决策时就不应该再考虑它的存在。

铁路线路（含配套设施与设备）建设一旦完成，其投资大部分变成沉没成本。在制定运价时需要充分考虑这一特点，新建成通车线路的运输价格不一定按完全成本制定，而应以充分发挥既有资源的作用、实现效益相对最大化为出发点。

我国已建成的高速铁路线路，前期存在部分列车上座率低，而平行的既有线路上的部分列车却票源紧张的现象，这种情况明显与票价/运行时间有关。例如，从上海到苏州，根据 2018 年的列车时刻表，高铁列车二等软座票价 40 元，D 字头列车二等软座票价 26 元，两者的平均运行时间均为 32 分钟，而 Z 字头列车硬座票价仅为 15 元，运行时间为 45 分钟。多数旅客不愿意选择高速列车。现行的列车时刻表对不同列车的票价、运行时间及列车在两城市的发到站点进行了调整，使客流在不同线路、不同列车间的分布更为合理。

如果将高速铁路建设成本作为沉没成本不予考虑，则高速铁路的票价就能降低，此种情况可能就不会出现，这就达到了建设高速铁路分流既有线客流、释放既有线货运能力的目的，其社会效益可能更大，而铁路部门也不会增加损失。

3. 建立市场经济条件下铁路运价形成机制需要解决的问题

1）明确运价形成的基础

铁路运价的形成应当充分反映铁路运输价值、反映市场供求关系，制定铁路运价应建立在价值规律基础之上。

2）调整和改变运价形成主体

改变过于集中的运价形成主体，赋予铁路运输企业一定的定价权利，政府由对运价的直接管理变为依靠经济和法律手段实现对运价的宏观调控。

随着铁路货物运输向现代物流的转变，站到站服务向门到门服务的延伸，铁路货物运输服务项目的增加，铁路运输两端的短途运输、其他物流服务的收费，已实现了市场定价，如果铁路运输企业不是定价主体，将阻碍铁路运输企业的转型与发展。

3）转变运价形成方式

减少运价形成过程中的行政行为，增加经济行为，使运价的形成以市场为依托，以铁路运输需求变化为依据，遵循市场经济运行规则。铁路以外的其他运输方式，市场化程度高于铁路，可为铁路运输价格的形成提供借鉴。

4）完善运价形式

改变运价形式过于单一的状况，使运价向多元化、多层次化方向发展。以我国铁路货运价格为例，虽然不断进行调整，运价改革仍然相对滞后，价格作为市场经济中最为活跃的要素，在货运市场中未能发挥应有的作用，主要反映在以下两个方面。

（1）无法实现对市场供求状况的调节作用

价值规律指出，商品的价值是由凝结于商品中的平均社会必要劳动时间决定的，商品的价格受供求关系的影响围绕价值上下波动。在市场经济体制下，产品的价格是企业根据市场的供求状况自主制定的，投资者根据企业的盈利能力作出投资决策。因此，价格高低是反映市场供求关系的重要信号，是市场实现资源配置功能的依据。目前，铁路运价没有能力调节市场供求状况。

扭曲的比价关系阻碍资源的合理流动。社会总资源是有限的，在市场经济体制下，资源总是流向利润率高的行业。当商品供不应求时，价格高于价值，该行业的利润率高于社会平均利润率，资源就从利润率低的行业流向利润率高的行业，从而改变了供求关系，使该行业的利润率逐渐接近社会平均利润率，价格接近价值。因此，通过合理的比价关系，资源形成合理流动。但是，当比价关系不合理时，资源的合理流动就被打破，市场配置资源就失灵，短缺的供给得不到资源的充分补充，供求关系紧张矛盾不能化解。

从全社会的角度看，铁路的比价关系是扭曲的。长期以来，铁路运输的公益性被过分地强调，铁路运价成为稳定全国物价水平的必要条件，因此铁路运价的制定很少考虑铁路运输企业的成本和市场的供求。

从运输系统看，铁路运价与其他运输方式的价格比例也不协调。由于提供运输服务的不同运输方式之间是相互竞争并可以互相替代的，消费者对运输方式的选择在一定程度上取决于运输价格。运输方式选择是否合理，在一定程度上取决于价格的制定是否合理。最优的运输定价应能反映需求的真实状态，而不合理的定价将扭曲需求状况，因为过低的运价会使需求量过大，而过高的运价会使需求量过小。铁路的低运价，吸引了大量本来可以由其他运输方式完成的运输，加重了铁路运输企业的负担，导致铁路运力不足，消费者得不到优质的铁路运输服务，背离了国家为社会经济生活提供低成本优质运输的初衷。

从铁路运输业内部看，由于存在地区经济差别，铁路运输经过的区域不同，各条线路上就有不同的个别成本，但采用统一运价，区域间存在交叉补贴，无法反映区域间的差异，致使铁路运输需求量大的区域运力得不到充分发展，铁路运输密度小的区域，也不能实现用成本更低的其他运输方式替代。全国铁路的固定运价，缺乏弹性，难以区分淡季、旺季，划分冷线、热线，不能通过价格变动来缓解供求矛盾。

（2）运价的形成偏离运输成本

我国铁路货物运输费用包括 4 个组成部分：基本运价、特殊运价、建设基金、运杂费。铁路建设基金和基本运价两部分形成铁路主体运价。铁路建设基金约占货运平均运价水平的 40%，直接用于扩大再生产，不形成企业的收入和利润，使建设基金挤占了铁路货运价格的调整空间。在建设基金的征收中，只对货运征收建设基金的方法有失公平。

依据经济人假设，在市场活动中，企业寻求自身利益的最大化是一种合理行为。铁路运输企业为实现自身利益的最大化，往往与国家形成一种非合作博弈，即通过多种方式突破国家的价格管制去获取自身的收益，寻求管制价格以外的收入。不合理、不规范收费，以及多家企业在铁路货场中从事延伸服务、超范围经营、超标准收费、多环节收费的现象时有发生，使铁路运输客户的实际支出超出铁路规定的运价。

7.5.2 建立市场经济条件下的铁路运价形成机制

我国铁路仍处于政企不分的状态，这与国家的市场经济体制相悖，改革是必然的。目前，铁路运输价格的非市场化形成机制，阻碍了铁路行业的发展，不利于综合运输体系的合理化。建立市场经济条件下的运价形成机制，是我国铁路改革的一个方面。

1. 加强铁路运输企业定价主体地位

按照市场经济规律，企业扩大再生产的资金主要来源于产品（或服务）的销售利润，而产品的利润只能通过市场等价交换产生，而价格的基本功能除了补偿产品的简单再生产成本，还要保证企业能够获得扩大再生产需要的资金。因此，铁路运输企业应是定价主体，依法享有对其铁路运输产品的定价权，通过自身的经营获得正常的收益，并为铁路运输经营市场化创造条件。

目前，我国的公路和水路运输价格已基本市场化，航空运输在一定程度上放开，铁路运价则基本上受国家控制。

20 世纪 80 年代以来，世界铁路改革证明，铁路运输企业拥有价格的制定权并不会造成铁路运价的无节制上升，因为各种运输方式之间存在替代性竞争，当一种运输方式的价格上升到一定水平时，铁路运输需求者会寻求其他的可替代运输方式。不同铁路公司之间也存在竞争。由国家规定的刚性运价约束，会被各种运输方式间运价制衡关系所替代，使各种运输方式间保持一种合理的比价关系，形成一种机制性的约束。由于受市场化运价生成机制的制约，每种运输方式中的运输企业不可能将运价定得过高，只能靠资源的节约降低运输成本，以获取所期望的利润。

2. 实行弹性运价制度

1）改革指定径路计费办法

目前，我国铁路货运中还存在按指定路径收费的做法，应当予以改进，按照最有利于扩大货运市场份额、减少货源分流的原则，对指定径路进行科学调控，尽最大可能避免因铁路运输径路的人为调整，增加货主负担。对货主而言，关心的是从发送地点至到达地点，运输价格与运输时间的平衡和人与货物的安全，按什么样的路径组织运输，是运输企业的事情，不应与运价挂钩。随着铁路运输能力的增加和运输市场的完善，应逐步减少货物运输指定径路，减少货主负担。

2）取消价外收费制度

铁路运输企业需要严格执行国家有关规定，取消不符合规定的收费，杜绝违反客户意愿的强制服务、强行收费，取消各级地方政府、部门的搭车收费，如交通运输建设费等。

3）实行弹性运价

弹性运价制度符合市场经济运行规律，是运价体制改革的方向。铁路运输企业作为经济实体，可以在国家规定的价格限度内与顾客协商确定运输价格，像航空公司发售机票一样，可根据自身的运输能力供给情况和运输需求情况，结合客户的运输要求给出报价，经与客户讨价还价后达成协议，订立运输合同。因为铁路运输需求是变化的，不同季节、不同铁路线路的运输成本是不同的，实行弹性运价更接近铁路运输成本的实际情况。另外，不同需求者的要求是不一样的，对应于不同的运输成本，实行弹性运价更有利于铁路运输企业向社会提供满足不同需要的服务。随着物流业的发展，货主需要的不再是简单的运输服务，而是一体化、个性化的物流服务，铁路货运是物流的一部分，应融入物流体系，向货主提供全程、全方位、个性化的物流服务，价格更应随服务的不同而变化。

放松价格管制并不等于放弃责任，铁路运价走向市场后，政府还要对铁路运价的总水平进行控制，如规定价格的上、下限，使铁路运输价格有章可循。

3. 改革铁路货运收费中的建设基金

目前，铁路货运收费中包含的铁路建设基金，不符合市场经济规律。政府可以面向社会征收铁路建设税，作为财政性资金直接用于铁路建设。只向铁路货主收取铁路建设费，对铁路、货主都是不公平的。公路没有收取建设基金，投资主要是由各级政府财政支持的，公路使用者（公路运输经营者）只支付道路使用税，而不是公路建设及养护的全部费用。但铁路运输经营者负担铁路建设及维护的全部费用，并向货主收取这些费用。这造成铁路和公路间的不公平竞争，增加了旅客和货主获得铁路运输服务的成本。

建设基金作为铁路建设的重要资金来源，对铁路发展关系重大，对铁路建设基金的改革需要慎重，可以考虑以下思路。

1）逐步将铁路建设基金纳入铁路货运价格

根据铁路承运不同货物的成本、装载条件、承受能力合理分摊的原则，在用户总体负担不增加的前提下，分步将铁路建设基金转为货运价格。这一思路的优点是不增加社会负担，也不会影响铁路市场货源，具有较强的可操作性；缺点是铁路历史债务要进行单独处理，弥补正常经营成本和依法纳税后，用于铁路建设的资金会减少。

2）将建设基金转为铁路使用费

政企分开、运输经营市场化应是我国铁路改革的方向，主要方法是学习国外经验，将铁路网的规划建设、维护与旅客和货物的运输经营分开。如果实行这种方案，则可将铁路建设基金直接转为铁路使用费。这一思路在实际操作上简便易行，也不增加用户和铁路运输企业的负担，铁路用户、铁路运输企业的既得利益格局不变；但缺点是铁路网使用费首先需要用于铁路网的改造和维护，剩余部分才能作为铁路建设资金，铁路建设资金来源可能无法保证。

4. 实行铁路分线运价

不同铁路线路由于地形和地质条件、车站及设备配置不同而每公里建设成本不同，同时每条线路的运输密度差异也很大，因此每条线路的单位运输成本不同。目前，铁路实行全国统一运价，一部分线路的使用者支付了高于成本的价格，而另一部分线路的使用者支付了低于成本的价格，对不同线路的使用者是不公平的。统一定价也不利于国家对不同铁路线路经营效果的考核与评价。实行分线运价则可以避免这些弊端。

5. 完善拓展业务收费机制

铁路在全面推行货运全程服务、全方位物流服务，各铁路局运输/物流企业向货主提供铁路运输外的物流服务，按各自所在地的地方相关规定收费。全路推开后，需要从两个方面对收费机制进行完善，即收费标准和收费主体。

关于收费标准，从现行政策看，根据不同地区成本不同的现实，按各地区标准收费比较合理。但铁路系统作为一个整体，需要将各地收费标准集中起来向货主公布。

关于收费主体，现行办法是由各铁路局多经企业向货主收费，发到两端分别收取。从严格意义上，这还不是真正的全程服务，联运、现代物流定义的全程服务必须是一次办理而不是分几次办理门到门服务手续。铁路系统应尽快完善运输外服务收费、内部结算的体制，为货主提供一次办理、一次结算、全程全方位的物流服务。

关于收费主体的另一个问题，是各铁路局多经企业的经营权限问题，包括全程服务、全方位服务票据问题、税率问题，与国家及所在地区有关规定不协调，造成操作上的困难。

货运全程服务、运输外的其他物流服务主要在节点上进行。随着铁路货运站陆续建设为物流中心，这些业务的操作主体应统一为物流中心。因此，铁路部门需要尽快对规划建设中的铁路物流中心的定位、经营模式等问题展开研究，以便能够享受国家和地方政府对物流业发展的扶持政策，并在用地、税收、经营范围等方面获得地方政府的支持，包括资金的投入，实现铁路货运系统向物流系统的转型，为社会提供更好的铁路运输和物流服务。

复习思考题

1. 分析不同定价方法的合理性。
2. 简述制定铁路运输价格的复杂性。
3. 分析铁路运输基础设施公益性与使用收费征收的关系。
4. 简述铁路运价的特点。
5. 如何理解铁路运价的职能？

第8章

铁路运输收益与分配

【思政目标】

学习党的二十大坚持推动高质量发展的战略精神，提高现有资源的高效利用，进而提高经济效益，提升经济实力，学习铁路运输收入及其分配的相关知识。

【内容概要】

铁路运输企业虽然受到行业性质的约束，强调为国民经济建设和人民生活服务，但是提高经济效益仍是企业经营的重要目标。铁路运输企业的经济效益，由运输收入和运输成本决定。运输收入由企业完成的工作量、运输价格决定；运输成本由运输设施、设备，运输组织、管理等因素决定。

本章对铁路运输收入及其分配进行分析论述，对铁路运输企业的成本、完成工作量、运输价格、运输收入、利润间的关系进行总结，并通过例证对影响运输企业经济效益的部分因素进行分析计算。

【学习重点与难点】

学习重点：铁路运输收入分配的重要性和方法，铁路运输企业量本利分析。

学习难点：铁路运输企业提高经济效益的方法。

8.1 铁路运输收入

铁路运输企业的收入主要是运输经营收入。与公路、水路、航空运输不同，铁路系统为规划建设、拥有、运营一体化模式，运输收入中包括了铁路设施与设备建设、维护费用及管理费用等成本。

8.1.1 铁路运输进款

铁路运输企业为旅客和货物托运者提供运输服务，按国家规定的费率收取费用，这些费用按用途、分配和使用权限的不同，分为运输收入、铁路建设基金和代收款3类。

铁路系统构成及收费比较复杂，运输进款分类情况如下。

铁路运输企业所属各营业站、列车段、客运段在办理客货运输中，按照客货运输规章及有关规定，向旅客、托运人、收货人核收的票价、运费、杂费及其他各种款项，称为铁路运输进款。

铁路运输进款是在全国铁路沿线车站和列车上收取，以站、段为单位通过银行向铁路局集团、国铁集团逐级解缴。国铁集团一方面按规定向国家缴纳税金和利润；另一方面用于补偿运输支出和扩大再生产的投入。

8.1.2　铁路运输收入

1. 按收入来源划分

按收入来源划分，铁路运输收入包括销售收入和营运收入两部分。

销售收入是指广告收入、运载设备维修收入、技术转让收入等。

营运收入按其经营的业务不同，分为运输收入、装卸收入、车站服务收入和其他收入。运输收入是运输企业经营旅客、货物和其他（行李、包裹、邮件等）运输业务取得的营业收入；装卸收入是运输企业经营装卸业务所取得的营业收入，包括装卸、联运换装、倒装和出租装卸机械的租金等；车站服务收入是车站为顾客提供各种服务所取得的收入，如客运站台票、送票费，货运的堆场及仓库使用费（堆存费）、检斤费、包装费等服务收入；其他业务收入种类较多，主要是运输延伸服务所得收入，如运输代理手续费、保险代理手续费、运载设备延期使用费及其清扫洗刷费等收入。

2. 按收入科目划分

按收入科目划分，铁路运输收入分为以下 6 种。

① 货物运费收入。

② 旅客票价收入。

③ 行李、包裹运费收入。

④ 邮运运费收入。

⑤ 保价收入。

⑥ 其他收入，包括：补票收入，补收货物、行李和包裹运费，货物、行李、包裹变更手续费，退票、补票手续费，客货车辆租赁费，加水、加冰、加盐及制冷费，货车清扫费，洗刷消毒费，车辆使用费，篷布使用及赔偿费，取送车费，机车在专用线作业费，国际联运规定核收的杂费等。

8.1.3　铁路建设基金

铁路建设基金是国家为支持铁路建设，允许铁路部门向货主收取的专门用于铁路建设的费用，收费标准由国家确定。

8.1.4　代收款

铁路在办理客货运输业务中，还核收一些属于代收性质的款项，由车站按国家或地方政府规定核收，随客、货运收入一并上缴，然后由铁路部门拨付有关单位，称为代收款，其内容包括以下方面。

① 应支付给国外铁路的运费。

② 超过规定期限无法交付的行李、包裹、货物、遗失物品的变价收入和拾得金等应缴国库的收入。

③ 路内装卸费、路外装卸管理费、列车备品赔偿费、银行存款利息收入、补票手续费、溢收款等。

④ 其他应付款，如多缴款、多收款、路外装卸作业费等。

为了保证按规定完整地取得进款，必须严格执行规章制度，对进款进行监督。进款监督主要是通过对票据、报表的审核和对照；对运杂费核算实行自检、互检、复检的三检制度，对客、货运工作实行检票、验票、收票、检斤、验货制度，加强收入稽查，并通过实地检查有关进款工作、单位执行规章制度的情况，同一切违反规章制度和违法乱纪行为做斗争。

运输进款由专人负责核收，每日收进的各种款项当日整理算清，及时送交银行，存入银行运输进款专户，并登记进款台账，按规定日期汇缴。

铁路运输收入进款，一般情况下各级部门都无权动支。只有在下列情况下，才能允许按规定办法和手续动支。

① 退还旅客和发、收货人的运杂费。

② 垫付旅客和路外人员意外伤亡急救和丧葬费。

③ 铁路局批准垫付的自然灾害急需款。

④ 垫付发货人责任的包装补修和货车换装费。

⑤ 垫付行李、包裹包装损坏修理费。

⑥ 支付水陆联运清算款。

⑦ 支付行李、包裹、货物运到逾期罚款及运输计划违约金。

⑧ 经国铁集团批准的其他拨付款。

铁路客货运输的票据具有有价证券的性质，对票据的印制保管和使用都必须建立严格的制度，严加管理。各级单位都要设立票据库，配备专人负责保管和发放，建立票据交接、清点和登记制度，并建立票据台账，做到收支正确，账实相符。

8.2 铁路运输收入清算

由于铁路运输生产的网络性特点，铁路运输生产由铁路系统内各企业、各部门协作进行，收入实行统一收取、统一支配。

8.2.1 铁路运输收入清算的必要性

铁路运输生产根据空间范围划分为铁路局管内运输、跨铁路局直通运输两种情况。铁路局管内运输由各铁路局独自完成；跨铁路局直通运输则需由两个及以上铁路局协作完成。但作为铁路运输收入主要部分的旅客票款、货物运费由始发站收取，上缴所属铁路局，协作铁路局则只有产出而没有收入。由于生产与收费主体不同，各铁路局收取款项不能直接作为自己的收入进行支配。所以，运输进款必须及时完整地解缴国铁集团，国铁集团再按规定的办法，将运输收入进款在各铁路局间进行分配。铁路局再分配到基层站段，用于运输支出。

8. 2. 2　铁路运输清算的依据

国铁集团资金清算中心统一核定各铁路局完成的工作量，以此为基础，按公布的运输收入分配办法，将运输收入分配到各铁路局。铁路局通过结算取得的运输收入，称为清算收入。铁路局下属的站段，根据完成的工作量和铁路局的收入分配办法结算取得的收入，为各自的清算收入。

8. 2. 3　铁路运输收入清算办法

1. 清算办法的总体框架

铁路运输企业的进款清算，包括客运进款清算、普通货运进款清算、专业运输进款清算、其他运输进款清算和提供服务收入清算 5 个部分。

铁路运输进款清算的总体思路是收入来自市场，旅客运输、专业运输承运结算，普通货运分段计算，提供服务相互清算。

与旅客列车运行直接相关的客运进款，原则上作为列车担当企业的客运营业收入，其余客运进款作为收款企业的客运营业收入。

行包专列、行邮专列、集装箱专列、特货专列比照旅客列车办理。

专业运输全程与专业运输直接相关的进款作为专业运输公司的营业收入。

普通货物运输在不同铁路类型的企业主体之间，按“分段计算”进行清算，在铁路局之间按“管直”清算，即管内货运进款全部归己，直通货运按运行、发送、到达分别清算。运行收入按周转量和统一单价清算，发送收入按照直通发送收入和统一的直通货运发送清算比率清算，到达收入按直通到达吨数和统一的直通货运到达清算单价进行清算。

不同运输主体之间提供的服务全部要相互清算。

线路使用费也作为相关服务的一个项目，由列车担当（或组织开行的）企业向线路所属企业付费。

2. 客运进款清算

铁路运输企业客运进款清算的内容，包括客票进款、行包专列运费进款、列车补票进款，与列车有关的客运其他进款及客票发展金。

1）旅客票价进款的清算

客票进款包括旅客票价进款、卧铺订票费进款、车站候车室空调费进款。

旅客票价进款包括基本票价进款和各种浮动票价进款。

执行国家铁路统一票价的旅客票价进款，包括基本票价进款、季节浮动票价进款和各种高等级列车（豪华列车、旅游列车等）在基本票价基础上的上浮票价进款，全部清算给列车担当企业（包括在本企业担当的旅客列车上加挂的外企业客车取得的上述票价进款），作为其客运营业收入中的客票收入。

进入或通过合资铁路、股份制铁路、地方铁路及临管线实行分段计费，高于上述国家铁路运价部分的票价进款，全部清算给线路所属企业，作为其客运营业收入中的浮动票价收入。

卧铺订票费进款，70%部分清算给列车担当企业（包括在本企业担当的旅客列车上加挂的外企业客车取得的卧铺订票费进款），纳入其客运营业收入中的客票收入；30%部分清算给客票发售企业，纳入其客运营业收入中的客运其他收入。

车站候车室空调费进款全部集中汇缴国铁集团统筹分配，国铁集团每年按定额的办法增加铁路局的营业收入，作为专项收入清算。

2）行包专列运费进款的清算

行包专列运费进款，原则上全部清算给组织列车开行的企业，作为其客运营业收入中的行包专列收入，但是，其中外企业加挂车辆所取得的进款清算给车辆加挂企业，作为其客运营业收入中的行包专列收入。

3）列车补票进款的清算

列车补票进款全部清算给列车担当企业，作为其客运营业收入中的列车补票收入。

4）与列车有关的客运其他进款和客票发展金的清算

与列车有关的客运其他进款，全部清算给收款企业，作为其客运营业收入中的客运其他收入。

客票发展金，全部清算给车票发售企业，作为其客运营业收入中的客票发展金收入。

5）车站旅客服务收入

车站旅客服务收入是指管内各车站为旅客列车提供发送服务而向列车担当企业收取的服务收入。车站旅客服务收入按照发送人，分管内慢车100 km以内和其他两档，按全路统一的单价计算。

车站旅客服务收入=本企业各站发送的管内慢车100 km以内的人数×管内慢车旅客发送服务收入单价+本企业各站其他旅客发送人数×其他旅客发送服务收入单价

6）售票服务收入

售票服务收入是指本企业管内各车站为外企业担当的旅客列车提供售票服务，而向列车担当企业收取的服务收入。售票服务收入按照所售票款的进款收入和全路统一的比例计算。

售票服务收入=本企业管内车站所售外企业担当列车的进款收入×售票服务收入比例

3. 普通货运进款的清算

铁路运输企业普通货运进款清算的内容，包括货物运费进款、电气化附加费、货车中转技术作业费等，这里仅指普通货物的整车、零担运输部分，不包括集装箱、特种货物运输部分。

1）普通货物运费进款的清算

普通货物运费进款包括整车、零担运输的各种货物运费（含国际联运国内段运费、变更到站运费）、快运费，自备机车、货车和机车租用费，货车挂运费、空车回送费等。

普通货物运输进款，在执行不同运价政策的主体之间实行“分段计费”；在相同运价政策下，不同企业类型的主体（国家铁路与股份制铁路等）之间按“分段计算”的办法清算，除铁路局外，直接作为相应企业（主体）的货运营业收入。

国家铁路与股份制铁路之间，普通货物运费“分段计算”清算，但不包括各种分流运费、新路新价均摊运费、建设基金、保价收入等。

铁路局普通货物运费进款的清算，按“管直”的办法进行。

铁路局货物运费收入清算的项目包括货运管内清算收入、货运直通运行清算收入、货运直通发送清算收入、货运直通到达清算收入。

铁路局的货运管内清算收入，以铁路局实际完成的整车、零担运输的管内进款作为铁路局的货运营业收入。

铁路局的货运直通运行清算收入，按照铁路局实际完成的普通货物直通周转量和全路统一的直通货物周转量清算单价计算。

铁路局的货运直通运行清算收入＝铁路局完成的普通货物直通周转量×全路统一的直通货物周转量清算单价

在计算全路统一直通货物周转量清算单价时，除直通货物运费收入外，包括各种分流运费、新路新价均摊运费、货车中转技术作业费，但要扣除货运直通发送清算、货运直通到达清算、编组站调车、空车走行单项补偿和用于货物违流运输清算补偿所需的费用。

铁路局的货运发送清算收入，按照铁路局实际完成的整车、零担运输的直通货物运费进款和全路统一的直通发送清算比率计算。

铁路局的货运发送清算收入＝铁路局实际完成的直通货物运费进款×全路统一的直通发送清算比率

铁路局的货运到达清算收入，按照铁路局实际完成的普通直通货物到达吨数和全路统一的货运到达清算单价计算。

铁路局的货运到达清算收入＝铁路局完成的普通直通货物到达吨数×全路统一的货运到达清算单价

2）普通货运电力附加费的清算

股份制铁路的电力附加费，根据管界内运输的实际里程，按“分段计算”的办法进行清算，直接作为相应企业的货运营业收入。

铁路局的电力附加费清算收入，按照铁路局电力牵引区段产生的普通货物周转量和全路统一的电力附加费清算单价计算。

电力附加费清算收入=铁路局电力牵引区段产生的普通货物周转量×全路统一的电力附加费清算单价

3）普通货车中转技术作业费的清算

股份制铁路普通货车中转技术作业费，管内运输归股份公司，直通运输按里程比例清算。

铁路局普通货车中转技术作业费不单独清算。

4）各种分流运费、新路新价均摊运费的清算

在铁路局线路上运输，核收的各种整车、零担的分流运费，新路新价均摊运费全部集中汇缴国铁集团，纳入铁路局的货运直通清算。

5）编组站调车清算收入

铁路局的编组站调车清算收入，按照铁路局实际完成的编组站调车辆数，分有调作业和无调作业，按全路统一的编组站调车清算单价计算。

编组站调车清算收入=有调作业辆数×全路统一的有调作业清算单价+无调作业辆数×全路统一的无调作业清算单价

铁路局单项清算的编组站调车辆数，不包括向专业运输公司清算编解服务收入的调车辆数。

6）空车走行补偿收入

铁路局的空车走行补偿收入，按照铁路局实际完成的空车千辆公里和全路统一的空车走行补偿清算单价计算。

空车走行补偿收入=铁路局实际完成的空车千辆公里×全路统一的空车走行补偿清算单价

4. 专业运输进款清算

铁路运输企业专业运输进款清算的内容，包括行李运费进款、普通包裹运费进款、邮运进款、行邮专列运费进款，集装箱、特种货物运输的货物运费进款，电气化附加费，货车中转技术作业费，集装箱使用费和篷布使用费、延期使用费，特种车回送费，长大货物车使用费、延期使用费等。

上述规定的专业运输的各种进款，无论执行何种运价政策，也无论是否分段计费，均按照专业运输的性质将全程进款全部清算给相应的专业运输公司。

承运行李、普通包裹在票据上核收的行李运费、普通包裹运费，行邮专列运费、邮运运费、行李车租用费、行李车包车运费、租用行李车挂运费、行李车包车停留费全部清算给行包公司，作为行包公司的营业收入。

承运集装箱货物在票据上核收的全部集装箱货物运费（包括零担拼箱运费）、货物快运费、变更运费、电气化附加费、各种分流运费、新路新价均摊运费，以及集装箱使用费（包括铁路拼箱费）、自备集装箱管理费、集装箱延期使用费、货车篷布使用费、货车篷布延期使用费、地方铁路货车篷布和集装箱使用费、地方铁路及在建线货车（集装箱专用平车）使用费、集装箱赔偿费、篷布赔偿费、集装箱租赁费、集装箱一口价中的组织服务费等全部清算给集装箱公司，作为集装箱公司的营业收入。

承运冷藏车、家畜车、长大货物车装运的货物，在票据上核收的货物运费、变更运费、

货物快运费、电气化附加费、新路新价均摊运费、京广线加收京九分流运费、货车中转技术作业费、长大货物车空车回送费、冷藏车（取消托运时）空车回送费、冷藏车制冷费及冷却费、加冰（盐）费、冷藏车（家畜车、长大货物车）车辆租用费，押运人乘车费、地方铁路及在建线货车（冷藏车、家畜车、长大货物车）使用费，使用费、长大货物车使用费、延期使用费等全部清算给特货公司，作为特贸公司的营业收入。

5. 其他运输进款的清算

铁路运输企业其他运输进款清算的内容，包括车站客运其他进款、货运其他进款、除客票发展金外的“运输关联进款”、铁路建设基金等。

车站客运其他进款、货运其他进款、运输关联进款除下列情况外，原则上全部清算给收款企业。

行包公司直管站核收的行李包裹变更手续费、行李包裹查询费、行李包裹保管费、标签费，以及行李包裹装卸费、行李包裹搬运费、行李包裹接取送达费等清算给行包公司，作为行包公司的营业收入。

集装箱一口价中的运单表格费、货签表格费、施封材料费、清扫费，除集装箱公司直管站清算给集装箱公司外，其余清算给发送的铁路运输企业；集装箱一口价中的各种代收款（包括装卸作业费、港站费用及转场费用、护路联防费，福建省附加等）、印花税，发送铁路运输企业作为代收款，通过集装箱公司清算。

集装箱公司直管站核收的运单表格费、货签表格费、施封材料费，集装箱变更手续费清算给集装箱公司，作为集装箱公司的营业收入。

承运冷藏车、家畜车、长大货物车装运的货物，其印花税由发送铁路运输企业作为代收款，通过特货公司清算。

铁路建设基金，无论是国家铁路运输货物核收的，还是股份制铁路运输货物核收的，全部通过国铁集团汇缴中央财政。

铁路局专项收入的清算是指铁路局一些特定内容的支出，国铁集团每年按定额的办法增加铁路局的营业收入，作为专项收入清算。目前暂定的专项收入包括营业外单位收入和空调候车室成本专项补偿收入。

6. 提供服务收入的清算

铁路运输企业的提供服务收入，包括线路使用费收入、客运提供服务收入、路网提供服务收入、其他服务收入，下面介绍前 3 个部分。

1）线路使用费收入

铁路运输企业的线路使用费收入，包括行包专列线路使用费收入和专业运输公司开行各种专列（行邮专列、集装箱专列、特货专列）支付的线路使用费收入。

铁路运输企业的线路使用费收入，按照本企业管界内实际核收的线路使用费进行清算。

2）客运提供服务收入

客运提供服务收入是指铁路运输企业向外企业客运业务提供各种服务，而向受益方收取的服务收入，包括提供加挂客车收入，行李、邮运车辆挂运服务收入，行包专列挂运收入，行包专列发送服务收入，行李车检修服务收入等。

(1) 提供加挂客车收入

提供加挂客车收入是指在外企业担当的旅客列车上加挂本企业的客车，而向列车担当企业收取的服务收入。提供加挂客车收入按照实际挂运的车辆公里和全路统一的提供加挂客车服务费单价进行清算。

提供加挂客车收入=在外企业旅客列车上加挂本企业车辆产生的车辆公里×全路统一的提供加挂客车服务费单价

(2) 行李、邮运车辆挂运服务收入

行李、邮运车辆挂运服务收入是指在本企业担当的旅客列车上加挂行李车、邮政车，而向行包公司收取的服务收入。

行李、邮运车辆挂运服务收入分两部分清算，一部分按车辆公里清算（用于弥补线路使用费），另一部分按总重吨公里清算（用于弥补机车牵引费）。按车辆公里清算的部分，根据车辆所经由线路的客运线路类别，执行全路统一的分类别的车辆公里单价；按总重吨公里清算的部分，根据车辆所经由的企业及牵引机车的类型按相应的机车牵引费单价执行。

行李、邮运车辆挂运服务收入 = $\sum$（在本企业旅客列车上加挂的行李车、邮政车产生的分类别的车辆公里 × 相应类别的车辆公里挂运费单价）+ $\sum$（在本企业旅客列车上加挂的行李车、邮政车在不同线路上产生的总重吨公里 × 相应企业相应机车牵引种别的机车牵引费单价）

(3) 行包专列挂运收入

行包专列挂运收入是指在本企业行包专列上加挂外企业车辆，而向车辆配属企业收取的服务收入。

行包专列挂运收入按照实际挂运的车辆公里和全路统一的行包专列挂运服务费单价进行清算。

行包专列挂运收入=在本企业行包专列上加挂外企业车辆产生的车辆公里×全路统一的行包专列挂运服务费单价

(4) 行包专列发送服务收入

行包专列发送服务收入是指为外企业组织的行包专列提供发送服务，而向行包专列开行企业收取的发送服务收入。

行包专列发送服务收入按照实际完成的外企业行包专列进款和全路统一的行包专列发送服务费比例进行清算。

行包专列发送服务收入=本企业实际完成的外企业行包专列的进款×全路统一的行包专列发送服务费比例

(5) 行李车检修服务收入

行李车检修服务收入是指本企业的客车段为行包公司的行李车进行检修，而向行包公司收取的行李车检修服务收入。

行李车检修服务的各种单价由相关的企业与行包公司协商制定。

3) 路网提供服务收入

路网提供服务收入是指铁路运输企业向外企业提供除以上客运业务以外的各种服务，而向受益方收取的服务收入，包括机车牵引服务收入、车站上水服务收入、接触网服务（含电费）收入、承运及发送服务收入、到达作业服务收入、中转作业服务收入、车辆挂运服务收入、车辆编解服务收入、车辆租用服务收入、劳务收入。

(1) 机车牵引服务收入

机车牵引服务收入是指本企业机车牵引旅客列车向列车担当企业收取的服务收入，牵引行包专列、行邮专列、集装箱专列、特货专列向组织专列运输的企业收取的服务收入，以及牵引一般货物列车跨企业管界（在外企业管内）运行时向受益方收取的服务收入。

机车牵引服务收入按实际完成的总重吨公里和国铁集团公布的价格计算。

机车牵引服务收入=机车（分蒸、内、电）牵引旅客列车或各种专列的总重吨公里×相应属性（机车的客货运属性）相应种别（分蒸、内、电）单价+机车（分蒸、内、电）牵引货车的跨企业总重吨公里×相应（分蒸、内、电）单价

一站直达旅客列车的机车牵引服务清算，执行区段统一单价；其余旅客列车和各种专列的机车牵引服务清算，原则上执行机车牵引企业分机车种别（内燃、电力）的平均单价，但当跨企业牵引时，执行机车担当企业与线路所属企业的同种机车牵引费单价的算术平均数；由机车向旅客列车车辆直接供电的机车交路在上述执行机车牵引服务清算单价的基础上，增加机车向客车供电的附加单价清算。

货运机车跨企业长交路轮乘制清算，执行区段统一单价；其余货运跨企业机车牵引，以机车牵引企业与线路所属企业的同种别（内燃、电力）机车牵引费单价的算术平均数，计算机车牵引服务收入。

货运机车跨企业长交路轮乘制工作量按机车配属企业统计；乘务员不属于机车配属企业时，按雇佣乘务员处理。

(2) 车站上水服务收入

车站上水服务收入是指管内各上水车站为旅客列车提供上水服务，而向列车担当企业收取的服务收入。车站上水服务收入按照实际通过上水站上水的旅客列车列次和全路统一的单价计算。

$$\text{车站上水服务收入} = \sum(\text{通过本企业上水站的旅客列车列次} \times \text{车站上水服务收入单价})$$

(3) 跨企业客运电力机车接触网服务（含电费）收入

跨企业客运电力机车接触网服务（含电费）收入是指铁路运输企业向外企业的客运电力机车提供接触网设施而收取的服务收入及电费。

跨企业客运电力机车接触网服务（含电费）收入按照实际提供的总重吨公里和国铁集团公布的单价计算。一站直达旅客列车执行分线的区段统一的跨企业客运电力机车接触网服务（含电费）收入清算单价，其余执行不同企业别的跨企业客运电力机车接触网服务（含电费）收入清算单价，机车向旅客列车直接供电的机车交路在此基础上增加机车向客车供电的附加单价清算。

$$\text{接触网服务收入} = \text{外企业客运电力机车在本企业管内产生的总重吨公里} \times \text{相应的客运电力机车用电及接触网服务单价}$$

(4) 承运及发送服务收入

承运及发送服务收入是指铁路运输企业为专业运输公司办理承运及发送作业，而向专业

运输公司收取的与承运及发送相关的服务收入。

承运及发送服务收入分两部分计算，一部分为代办承运业务的服务收入；另一部分为办理发送作业的服务收入。承运服务收入按照代办承运的全部运费和全路统一的比例计算；发送作业服务收入按照发送吨（或换算箱）和全路统一的发送作业服务单价计算。

承运及发送服务收入=代办承运的全部运费×承运服务收入清算比例+发送吨(换算箱)×发送作业清算单价

（5）到达作业服务收入

到达作业服务收入是指铁路运输企业为专业运输公司承运的对象办理到达作业，而向专业运输公司收取的与到达业务相关的服务收入。

到达作业服务收入按照到达吨（换算箱）和全路统一的到达作业清算单价计算。

到达作业服务收入=到达吨(换算箱)×到达作业清算单价

（6）中转作业服务收入

中转作业服务收入是指铁路运输企业为专业运输公司承运的对象办理中转作业，而向受益方收取的与中转业务相关的服务收入。

中转作业服务收入按照中转吨（换算箱、行包件）和全路统一的中转作业清算单价计算。

中转作业服务收入=中转吨(换算箱、行包件)×中转作业清算单价

（7）车辆挂运服务收入

车辆挂运服务收入是指在本企业开行的货物列车上加挂专业运输公司组织运输的车辆，而向专业运输公司收取的服务收入。

专业货运车辆挂运服务收入分两部分清算，一部分按车辆公里清算（用于弥补线路使用费部分）；另一部分按总重吨公里清算（用于弥补机车牵引费部分）。按车辆公里清算的部分，根据车辆所经由货运的线路类别，执行全路统一的分类别的车辆公里单价；按总重吨公里清算的部分，根据车辆所经由的线路区段及牵引机车的类型按相应的机车牵引费单价执行。

车辆挂运服务收入 = $\sum$（在本企业开行的货物列车上加挂的其他企业的车辆产生的车辆公里 × 相应线路类别的车辆公里挂运费单价）+ $\sum$（在本企业开行的货物列车上加挂的其他企业的车辆产生的总重吨公里 × 相应企业相应机车牵引种别的机车牵引费单价）

（8）车辆编解服务收入

车辆编解服务收入是指铁路局为专业运输公司组织的列车或车辆在编组站办理中转作业（包括有调中转、无调中转），而向专业运输公司收取的与编解作业相关的服务收入。

车辆编解服务收入按照编组站中转货车数（不分有调、无调作业）和全路统一的编解服务清算单价计算。

车辆编解服务收入=通过编组站的辆次×编解服务清算单价

（9）车辆租用服务收入

本企业的车辆被外企业使用，要向受益方收取车辆租用服务收入。

车辆租用服务收入按照实际使用车辆日和全路统一的分类别的（客、货，并分普通和特种等）车辆租用费单价计算。

车辆租用服务收入=实际使用车辆日×全路统一的分类别的车辆租用服务单价

铁路局管界（包括纳入铁路局管界口径的合资铁路、股份制铁路、地方铁路、临管线等）内，专业运输公司使用的部属货车，按照专业公司租用相应铁路局的车辆计算车辆租用费。

国家铁路货车进入合资铁路、股份制铁路、地方铁路，按照《铁路货物运价规则》的规定，收取货车占用费。

（10）劳务收入

劳务收入是指铁路局向专业运输公司提供劳务，而向专业运输公司收取的与劳务输出相关的服务收入。

劳务收入的清算指标原则上为人年，具体的清算标准由各铁路局与专业运输公司协商确定。

铁路运输企业向外企业提供以上项目以外的其他服务，根据提供与接受服务双方协商的价格及签认的工作量进行清算。

上述清算方法中，没有详细规定铁路货物运输实行门到门服务时，由两个铁路局完成的联运服务的清算办法。随着铁路运输企业向货主提供越来越多的物流服务，干线运输以外的服务收费如何进行清算分配，是一个新的课题。物流服务收费项目繁多，工作量核定工作任务繁重。

8.2.4　运输成本控制

国铁集团每年根据全路及各铁路局运输生产任务和财务状况，按照实际需要和资金的可能，综合平衡统筹安排，确定全路及各铁路局的成本控制目标。铁路局通过强化成本管理、挖潜降耗，按成本目标分级责任制要求，下达全局成本目标。铁路局通过加强对站段成本计划管理，严格按计划执行，保证目标成本的实现。

为了加强成本控制的力度，使企业更加注重成本管理，控制成本增长，采用增加工资与成本控制挂钩的办法。另外，还通过资金的宏观调控来控制成本支出。

8.2.5　利税的分配

铁路局按照清算收入和国家规定税率上缴税金及附加，并根据国家规定，按照计税利润的一定比例向国铁集团上缴所得税，税后利润按照国家有关规定进行分配。

实行“管直”方案，各铁路局的进款收入，首先必须保证建设基金和保价收入的全额上缴，而后再按下列方法计算上缴国铁集团的资金。

① 按国家规定的税率计算税金、城建税和教育费附加。

② 应交国铁集团的所得税。

③ 国家及国铁集团规定的其他应缴收入。

④ 运输收入与清算收入的差额。

如果以上各项合计为负数，由国铁集团考虑调节。

8.2.6 运输企业的收入

运输企业的收入是指运输企业可以支配的运输收入，它是从运输进款中扣除需要清算给其他企业的费用、上缴给政府的费用，如税金、铁路建设基金等以外的剩余部分。

8.2.7 影响运输收入的因素

运输收入是运输企业完成的运输工作量乘以单位运输工作量平均收入之积，其中任何一个因素发生变动，都会使运输收入发生变动。在完成的运输工作量不变的条件下，平均单位收入增加，运输收入则增加；平均单位收入减少，运输收入则减少。同理，在平均单位收入不变的条件下，运输工作量增加，运输收入则增加；运输工作量减少，运输收入则减少。客运收入和货运收入虽然同样包括周转量变动和平均单位收入变动两个因素，但客运收入与货运收入的平均单位收入升降变动影响运输收入的差额之和，与运输收入即按客货运输收入合计综合计算的周转量增减变动的差额，以及平均单位收入升降变动的差额是不相等的。客货运输收入合计综合计算的周转量变动差额和平均单位收入升降变动差额中，都包括有客、货运周转量比重变动而出现的差额。

1. 运输收入差额

运输收入差额的计算公式为：

周转量变动对运输收入的影响＝客货综合计划平均单位收入×（客货合计实际周转量－客货合计计划周转量）

或

周转量变动对运输收入的影响＝（客货合计实际周转量－客货合计计划周转量）×客货综合计划平均单位收入

平均单位收入变动对运输收入的影响＝客货合计实际收入－客货综合计划平均单位收入×客货合计实际周转量

或

平均单位收入变动对运输收入的影响＝客货合计实际周转量×（客货综合实际平均单位收入－客货综合计划平均单位收入）

2. 周转量变动对运输收入的影响

客、货合计周转量变动对客、货合计运输收入影响的计算公式为：

客运周转量变动对客运收入的影响＝客运计划平均单位收入×（客运实际周转量－客运计划周转量）

货运周转量变动对货运收入的影响＝货运计划平均单位收入×（货运实际周转量－货运计划周转量）

客货运周转量比重变动的影响=客货综合计划平均单位收入×客货合计实际周转量-
（客运计划平均单位收入×客运实际周转量+
货运计划平均单位收入×货运实际周转量）

3. 平均单位收入变动对运输收入的影响

不同的运输产品，由于其服务的内涵、产生的效果不同而对应不同的价格。当铁路运输产品组合发生变化时，会影响单位产品带来的平均收入，从而影响运输收入。

客货平均单位收入变动对客货合计运输收入影响的计算公式为：

客运平均单位收入变动对客运收入的影响=客运实际收入-客运计划平均单位收入×
客运实际周转量

货运平均单位收入变动对货运收入的影响=货运实际收入-货运计划平均单位收入×
货运实际周转量

客货运周转量比重变动的影响=（客运计划平均单位收入×客运实际周转量+
货运计划平均单位收入×货运实际周转量）-
客货综合计划平均单位收入×客货合计实际周转量

例如，我国铁路旅客运输中的，高等级旅客席位所占比例逐年提高，使客运收入的增长幅度大于旅客周转量的增长幅度。

4. 铁路货物运输多元化经营对运输企业收入的影响

近年来，铁路部门发布了推进铁路多元化经营、发展现代物流等一系列文件，并采取各种措施，全面推动铁路经营方式向多元化方向转化、货物运输向全程物流服务转变。铁路货物运输服务范围扩大，实现由站到站运输向门到门运输转变的突破，并且研究依托货物运输核心产品进一步向全程物流服务拓展。

按此思路，铁路系统会在实现货物运输全程服务的基础上，逐步将货运站扩展为物流中心，以此为基地发展仓储、配送、储运包装等基本物流服务，以及物流信息服务、物流方案设计、流通加工、销售包装、物流金融等物流增值服务，并提供联运汽车停车、维修、加油等生产辅助服务，以及为往来车辆司机与客户及中心工作人员提供住宿、餐饮、洗浴等生活服务。因此，铁路在货物运输方面的收入已不再是简单的铁路货物运输收入，不仅收入科目将增加，收入的性质也将发生本质的变化。

8.3 运量与成本和运输收入间的关系

8.3.1 运量与成本间的关系

运量大小是影响运输成本变化的重要因素之一。

首先，按照成本与运量的关系，运输成本可以分为与运量有关的变动支出和与运量无关的固定支出两部分。在一定条件下，固定成本保持不变，变动成本随运量增加而成比例增加。运量变化与运输总成本和单位运输产品成本之间的关系为：

运输总成本=固定总成本+单位产品变动成本×运量

某项运输设施一旦投入使用，在一定时间内、运量达到设计能力之前，运量的增加并不引起固定成本的增加，只引起变动成本的增加。所以，单位运输成本中分摊的固定成本就会减少，从而使单位运输成本降低。并且，固定成本所占比重越大，单位运输成本降低的幅度越大。这意味着单位平均成本会随着运量的增加而降低。在运量达到实际能力之前，增加运量就等于降低成本和增加企业的经济效益。

根据上述运量与运输支出之间的关系，可以分析运量变化对运输成本的影响，也可以预测未来某一时期内运量变化对成本的影响程度。

其次，由于运输也存在明显的规模经济性，在运输需求充足的情况下，某一运输基础设施的能力越大，单位运输产品的支出就越小。而在许多情况下，增加能力时投资的增加幅度，可能远远小于能力的增加幅度。例如，平原地区的一条铁路单线，在内燃机车牵引的条件下，其平行运行图能力约为50对，若扩建为双线，其投资小于两条单线铁路，而其平行运行图能力可达140对以上，远远大于两条单线铁路的能力。因此，运量的增加，引起运输供给规模的扩大，由此会带来规模经济效益。

最后，在运输基础设施供给能力不变的情况下，如果运输需求增加，运输企业还可以通过更换运载设备的方法扩大供给能力，降低运输成本。运载设备的投资成本和运营成本中，有一部分和设备的载运能力无关；另一部分会随着载运能力的增加而增加，但平均每一吨位（或客位）的成本会下降。因此，运量增加，带来运载设备平均装载能力的增大，进而使运输成本下降。

8.3.2 运量与收入间的关系

根据运输收入的构成，在货物种类、运输部门提供的运输服务产品结构及运输价格不变的情况下，运输收入主要与运量相关，可以近似地认为运输收入是运量与单位运量价格的乘积，二者成正比例关系。运输工作量以货物吨公里、旅客人公里计算。

对货物运输而言，运输收入的主要部分是发到作业费（含装卸费）和运费，其中装卸费和运量成正比，运费和运量与运输距离的乘积成正比。

对旅客运输来说，没有装卸问题，虽然存在发送和到达费用，但一般不单独收费。客运收入与人次基本无关，完全取决于客运工作量。旅客运输票价存在递远递减的情况，但由于旅客平均乘车距离每年的变化比较小，由此产生的对运输收入的影响也较小。

8.3.3 运输收入与运价间的关系

运价是影响运输收入的另一个重要因素，在其他因素尤其是运量一定的条件下，运输收入随着运价的提高而增加。但是，运量也是运价的函数，两者成反比，运价的提高，一般会伴随着运量的下降，而运价的降低，一般会引起运量的上升。所以，运价与运输收入的关系和运价与运量的关系是交织在一起的。若要提高运输价格以增加运输收入时，需要估计运价提高可能引起的运量下降幅度，对提高运价增加的运输收入和运量下降减少的运输收入进行分析比较，以权衡利弊。同时，由于运输的社会功能，提高运价，在一定程度上还要受到国家政策的干预，有些运输需求必须以规定价格保证供给。

8.4　运输企业成本效益分析

经济效益是指人们在经济活动中投入与产出的比较或所费与所得的比较。在物质生产领域中，经济效益就是要以尽量少的劳动消耗和劳动占用，生产出更多更好的产品。即在生产和再生产过程中，经济效益是劳动占用与劳动消耗同劳动成果的比较。

经济效益是一个相对的概念。经济效益的实质是用最少的生产费用创造最大的效用，或者用最少的劳动时间创造最多的使用价值。在任何一个社会中，如果生产的产品，其效用抵偿不了它的生产费用，那就要考虑生产这种产品是否必要。而社会要发展，必须在尽量少的劳动时间里创造出尽量丰富的社会财富，这样，社会的进步才具有雄厚的物质基础。

经济效益在量的方面的表现，就是用最少的投入取得最大的产出，或者用最少的所费取得最大的所得。人们从事任何一项经济活动，一方面要占用一定数量的资产，又要消耗一定数量的物质资源和活劳动，这就是投入；另一方面要相应提供一定数量的产品或劳务，这就是产出。投入是指各种生产要素（劳动手段、劳动对象和劳动力）的投入，分为劳动消耗和劳动占用两个方面；产出是指劳动成果。经济效益的内容就是劳动消耗与劳动占用同劳动成果之间的比较关系。通过比较，就可以评价经济效益的好坏。经济效益的计算公式为：

$$经济效益=产出/投入=劳动成果/(劳动消耗+劳动占用)$$

这种比较，既可以用实物形式表示，也可以用价值形式表示。用实物形式表示，比较直观，但无法汇总；用价值形式表示，便于汇总，可以综合比较。如果提供同样数量和质量的产品或劳务，占用或消耗劳动少，经济效益就好；反之，经济效益就差。如果占用和消耗劳动一样，劳动成果多，质量好，经济效益就好；反之，经济效益就差。

经济效益是经济效果、经济效用和经济效率三者的结合。经济效果是经济活动的产出，代表经济活动的直接成果；经济效用是指经济活动提供的使用价值，要求产出的劳动成果必须符合社会需要；经济效率是指各种资源的利用效能，强调单位时间内的产出或单位资源的利用效率。在人们的经济活动中，只有经济效果和经济效用，没有经济效率，只能说明经济活动有了较多、较好的成果，还不能体现投入和产出的全部对比关系，必须同时提高经济效率，才能完整体现经济效益。

综上所述，经济效益的内容如表 8-1 所示。

表 8-1 经济效益的内容

<table>
<tr><td rowspan="4">经济效益</td><td rowspan="2">投入</td><td>劳动消耗</td><td>工时耗用量，原料、材料、燃料耗用量，机器设备折旧，产品总成本等</td></tr>
<tr><td>劳动占用</td><td>原材料储备量、设备拥有量、流动资产、经济效益平均余额、固定资产净值、职工平均人数等</td></tr>
<tr><td>产出（劳动成果）</td><td colspan="2">产量、质量、品种、总产值、净产值、利税等</td></tr>
<tr><td>投入与产出的比较（经济效益指标）</td><td colspan="2">劳动生产率、资金利税率、流动资金周转率、成本利润率、单位产品成本等</td></tr>
</table>

铁路运输企业经济效益分析是通过分析成本、价格、收入、运量间的相互关系，在合理定价基础上，通过降低成本、增加运量来提高企业的经济效益。

8.4.1 运输企业利润分析

铁路运输企业的成本、产量和利润分析一般有以下两种方法。

1. 贡献分析法

在短期决策中，常常使用贡献的概念。贡献等于由决策引起的增量收入减去由决策引起的增量成本，即等于由决策引起的增量利润。所以，贡献分析法实际上就是增量分析法。有贡献，说明这一决策能使利润增加，因而是可以接受的。如果有两个以上的方案，它们的贡献都是正值，那么，贡献大的方案就是较优的方案。

如果劳务的价格不变，增加单位劳务的增量收入就等于价格，增加单位劳务的增量成本就等于变动成本。此时，增加单位劳务的贡献就等于价格减去变动成本。由于贡献可用来补偿固定成本和提高利润，贡献也被称为是“对固定成本和利润的贡献”，有时也称为“利润贡献”。

需要注意的是，用贡献分析法进行决策时，不必考虑固定成本的大小，因为固定成本不受决策的影响，属于沉没成本。

2. 本量利分析法

成本、产量和利润分析简称本量利分析。它是根据成本、产量和利润三者之间的内在联系进行综合分析，用以规划或预测企业目标利润进行成本控制的一种方法。本量利分析常用来研究成本、运量和利润三者之间的关系。

按照成本与产量的关系，产品成本分为变动成本和固定成本两部分。变动成本是随着产量的增减成比例变化的，而单位产品的变动成本则不变。固定成本在一定产量范围内是固定不变的，但单位产品分摊的固定成本则随着产量的变化而变化。在上述成本习性的前提下，就可以进行盈亏平衡分析，确定盈亏平衡点（或称盈亏转折点、损益平衡点、保本点）。这是本量利分析的主要内容，在此基础上，可进而分析有关因素对企业盈亏的影响，并应用于经营决策的各个方面。运输成本、运量和利润之间，同样存在着紧密的相互依存关系。分析这种关系对改善运输企业经营管理具有重要意义。

1）盈亏平衡分析

盈亏平衡分析主要是通过对企业产量、成本和利润之间关系的分析，确定盈亏平衡点。盈亏平衡点是企业销售收入减去税金后的净收入，与产品总成本（含营业外净支出）相等时的产量（或收入）。这时既不盈利，也不亏损，企业处于不盈不亏的状态。以这一点为界，当产量超过此点时就有利润，低于此点时则发生亏损。测算盈亏平衡点是在产销平衡时（这时产量等于销售量，产值等于销售收入），且在一定产量范围内，假设固定总成本、单位产品变动成本和单位产品价格不变。在这种情况下测算盈亏平衡点主要有以下两种方法。

（1）计算法

企业利润的计算公式为：

$$利润=销售收入\times(1-税率)-销售总成本$$

计算盈亏平衡点时，假设利润为零，则

$$销售收入\times(1-税率)=销售总成本$$

把上式分解，设 p 为产品单价、x 为产品产量、t 为税率、a 为固定总成本、b 为单位产品变动成本，上式改为：

$$px(1-t)=a+bx$$

根据上式可计算出：

$$盈亏平衡点的产量\ x=\frac{a}{p(1-t)-b}$$

$$盈亏平衡点的收入\ px=\frac{a}{p(1-t)-b}\times p$$

其中，$p(1-t)-b$ 即单位产品创利额。

例如，某铁路企业全年固定总成本为 24 000 万元，清算单价 p 为 110 元/万换算吨公里，税率 t 为 5%，单位变动成本 b 为 40 元/万换算吨公里，按上面的公式计算，可得：

$$盈亏平衡点的运量\ x=\frac{24\ 000}{110\times(1-5\%)-40}$$
$$=3\ 720\ 930（吨公里）$$

$$盈亏平衡点的收入\ px=110\times3\ 720\ 930$$
$$=40\ 930（万元）$$

在上面的计算中，扣除税金后的产品单价再减去单位变动成本的差额，称为单位产品创利额（或单位边际贡献、单位边际利润），用它来补偿单位固定成本后的余额，才是单位产品利润。而单位产品创利额除以产品单价，即为单位产品创利率。这样，上面的计算公式可改为：

$$盈亏平衡点的产量=\frac{固定总成本}{单位成本创利额}$$

$$盈亏平衡点的收入=\frac{固定总成本}{单位成本创利率}$$

铁路企业的单位运量创利额为：

$$110\times(1-5\%)-40=64.5（万元）$$

单位运量创利率为：

$$\frac{64.5}{110}=0.586\ 36$$

据此计算该铁路局盈亏平衡点的运量为：

$$\frac{24\ 000}{64.5}=3\ 720\ 930（吨公里）$$

盈亏平衡点的收入为：

$$\frac{24\ 000}{0.586\ 36}=40\ 930（万元）$$

（2）图解法

将上述影响企业盈亏的因素及其相互关系的数据绘制在图上，称为盈亏平衡图。

根据计算数据，在图上画出收入线和总成本线，这两条线的交点即为盈亏平衡点，在这一点的上面为盈利区，下面为亏损区，如图 8-1 所示。

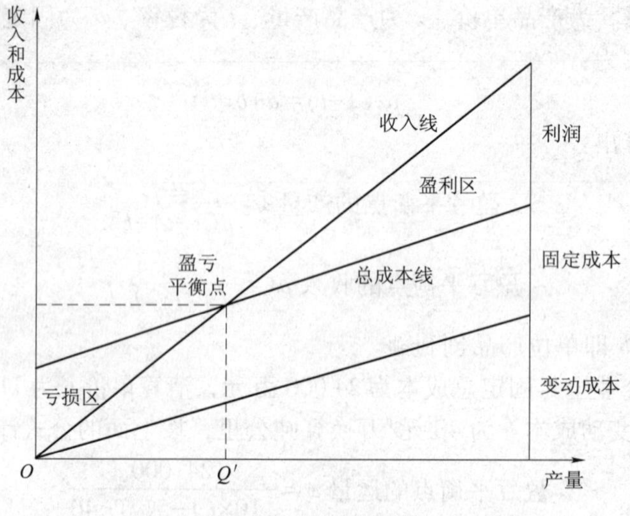

图 8-1　盈亏平衡图

图 8-1 是用实物量表示的盈亏平衡点，产量指标在企业生产大批量单一品种（或少数几个品种分产品类别）的条件下适用，如企业生产多品种时，只能以货币指标产值或收入来表示，其计算方法相同。

通过图 8-1 的盈亏平衡图可以看出，盈亏平衡点不变，完成的产量（销售量）越多，能实现的利润也越多；反之，产量越少，实现的利润也越少。在产量不变的情况下，盈亏平衡点越低，能实现的利润则越多；反之，盈亏平衡点越高，能实现的利润则越少。在收入既定的条件下，盈亏平衡点的高低取决于固定总成本和单位变动成本的多少。固定总成本越大或单位变动成本越大，则盈亏平衡点越高；反之，盈亏平衡点越低。

明确和掌握以上基本关系，对企业预测或规划目标利润、控制成本都是很重要的。

2）因素变动对盈亏平衡点的影响

上述盈亏平衡分析是以一定的假定条件为前提的，即计划期间的固定成本、单位变动成本、产品单价、税率等保持不变。这一假定对盈亏平衡分析是必要的。但是，在实际工作中这些因素并不是固定不变的，因此需要研究这些因素变动对盈亏平衡点的影响，可分别对每项因素的影响和各项因素变动的综合影响进行分析。

① 在一定的条件下，固定成本与运量无关，此时增加运量所增加的成本只是变动成本部分。如果运价不变，运输收入仍随运量成比例增加，这会给企业带来较大的利润。

② 在运输成本不变时，运输收入是运价和运量的函数；运价不变时，运输收入随运量的增加而增加。这时如果固定运输成本不发生变化，扩大运量对运输企业增加利润是有利的；而运量不变时，运输收入随着运价的提高而成比例增加。

③ 收入曲线和总成本曲线存在交叉，运量小于 Q'时，收入小于成本，企业是亏损的；运量大于 Q'时，收入大于成本，企业是盈利的。Q'称为盈亏平衡点。因此，在修建某一运输设施或企业在进入运输市场前，必须进行成本预算分析和运量、运价的预测，使设计运量大于图中的 Q'，这样才能保证企业不会亏损。

④ 如果一个新的运输项目成本（投资）和运量已定，为了使企业不发生亏损，可以采取提高运价的方法。因为运输设施的能力形成与扩大是跳跃式的，而且投资巨大，必须留有充分的发展余地，所以在运输设施投产时能力必然远远大于需求，而项目投产初期运量不可能达到盈亏平衡点，需要适当提高运价来实现企业的盈亏平衡或减少亏损。这就是许多运输设施刚投产时实行较高运价的经济上的理由。

⑤ 当亏损无法避免时，企业仍然可以在短时间内进行经营。理由是运输成本中固定成本比例较大，当出现亏损时，如果停止生产，企业的亏损额是固定成本；坚持生产，只要运输收入能大于变动成本，使企业亏损额小于固定成本，就能比停止生产减少亏损，这对企业还是相对有利的。但这种状况不能持续时间过长，否则运输企业会由于固定成本得不到补充而无法维持生产。

⑥ 铁路运输项目投资巨大，固定成本所占比例较大，决定了运输生产的规模经济性，运输生产必须有一定的规模才能不至于亏损，或者说生产规模越大企业经济效益越好。

设各项因素变化率为 r，则变化后的盈亏平衡点的运量、收入分别为：

$$\text{盈亏平衡点的产量}=\frac{a(1\pm r)}{p(1\pm r)[1-t(1\pm r)]-b(1\pm r)}$$

$$\text{盈亏平衡点的收入}=\frac{a(1\pm r)}{p(1\pm r)[1-t(1\pm r)]-b(1\pm r)}\times p$$

式中：r 分别表示各因素的变化率。

3）量本利分析的应用

（1）根据目标利润测算应达到的产量和收入

在已知产品单价、税率和固定成本与单位变动成本的情况下，可以测算为保证已确定的目标利润（设为 m）应达到的产量和收入水平，其计算公式为：

$$\text{目标利润的产量 } x=\frac{a+m}{p(1-t)-b}$$

$$\text{目标利润的收入 } px=\frac{a+m}{p(1-t)-b}\times p$$

另外，也可根据预计产量来测算能实现的利润：

利润额=单位产品创利额×已定产量−固定成本

（2）企业经营状况分析

在确定盈亏平衡点的基础上，判断企业经营得好坏，可以对企业的经营状况进行分析，即利用经营安全率指标来判断企业经营得好坏。其计算公式为：

$$经营安全率=\frac{现有产量-盈亏平衡点产量}{现有产量}\times 100\%$$

或

$$经营安全率=\left(1-\frac{盈亏平衡点产量}{现有产量}\right)\times 100\%$$

其中，经营安全率波动于 0～1 之间，这个指标越高，说明企业获得的利润越多，经营状况越好。

从投入产出的角度，可以用净资产收益率和总资产报酬率来表明企业的经营状况。其计算公式为：

$$净资产收益率=\frac{税后净利润}{计算期平均净资产额}\times 100\%$$

$$总资产报酬率=\frac{利润总额+利息支出}{计算期平均资产总额}\times 100\%$$

（3）研究提高利润的途径

由于增加产量、降低固定成本和变动成本，以及提高产品单价等对企业的盈亏平衡点产生影响，从而对企业的盈利产生影响。因此，通过量本利分析可以研究在哪些方面采取措施，改善企业生产经营状况，以便提高企业利润。

（4）选择设备投资方案

对不同的设备投资方案的选择，因其建成后的生产能力和产量，以及固定成本与变动成本等是不同的，在产品单价和税率一定的情况下，利润大小也不同，可对这些资料进行分析比较，从中选择确定最有利的方案。

8.4.2 案例分析

例 8-1 铁路降低空车走行率的经济效益。在其他指标不变的情况下，降低空车走行率产生的效益是多方面的。设空车走行率变化量为 Δ，则有以下变化。

（1）车辆公里的变化

$$\sum NS = \sum NS_{重} \times (1 + \alpha_{空})$$

$$\sum NS' = \sum NS_{重} \times [1 + \alpha_{空}(1 + \Delta)]$$

$$\sum NS / \sum NS' = [1 + \alpha_{空}(1 + \Delta)]/(1 + \alpha_{空})$$

$$(\sum NS' - \sum NS) / \sum NS = \Delta\alpha_{空}/(1 + \alpha_{空})$$

车辆小时、调车工作小时、车辆自重吨公里与车辆公里发生同步变化。

（2）车辆自重吨公里引起其他指标的变化

$$\sum QS_{总} = \sum HL_{运} + \sum QS_{自}$$

$$\sum QS_{总}' = \sum HL_{运} + \sum QS_{自}\{[1 + \alpha_{空}(1 + \Delta)]/(1 + \alpha_{空})\}$$

$$\sum QS_{总}'/\sum QS_{总} = (\sum HL_{运} + \sum QS_{自}\{[1 + \alpha_{空}(1 + \Delta)]/(1 + \alpha_{空})\})/\sum QS_{总}$$

$$(\sum QS_{总}' - \sum QS_{总})/\sum QS_{总} = \Delta \times \alpha_{空} \times \sum QS_{自}/[(1 + \alpha_{空}) \times \sum QS_{总}]$$

机车公里、机车小时、机车乘务小时、列车乘务小时、燃料消耗也按上式发生变化。

例如，某铁路局上年空车走行率为 34%，当年由于提高了空车调配组织水平，使空车走行率降低了 12.3 个百分点，当车辆自重吨公里与货物运行吨公里的比值为 1∶1.8 时，计算空车走行率降低后各项消耗指标。

按以上分析，$\Delta = -0.123$

$$[1 + \alpha_{空}(1 + \Delta)]/(1 + \alpha_{空}) = [1 + 0.34 \times (1 - 0.123)]/(1 + 0.34) = 0.97$$

$$(\sum HL_{运} + \sum QS_{自}\{[1 + \alpha_{空}(1 + \Delta)]/(1 + \alpha_{空})\})/\sum QS_{总}$$

$$= (1.8 + 1 \times 0.97)/(1.8 + 1)$$

$$= 0.99$$

即车辆小时、调车工作小时为上年的 97%，其他指标为上年的 99%。各项指标值计算结果表如表 8-1 所示。

表 8-1　各项指标值计算结果表

指标名称	上年指标值	当年指标值
车辆公里/（万 km）	17 996.0	17 456.1
车辆小时/（万 h）	1 456.0	1 412.3
调车小时/（万 h）	5.2	5.0
总重吨公里/（万 t · km）	87 110.0	862 398.9
机车公里/（万 km）	520.0	514.8
机车小时/（万 h）	30.8	30.5
机车乘务小时/（万 h）	24.1	23.9
列车乘务小时/（万 h）	18.9	18.7
燃料消耗/kg	11 042.6	10 932.2

例 8-2　铁路采用大吨位货车的效益分析。目前，我国铁路现有货运车辆中数量较多的是敞车，其中有代表性的车型是 C_{62}、载重 60 t，新型敞车 C_{5D}、载重 75 t，C_{62}、C_{5D} 车型的有关数据如表 8-2 所示。

表 8-2　C_{62}、C_{5D} 车型的有关数据

车型	车辆长度/mm	载重/t	车辆自重/t	自重系数	每辆购置费/元
C_{62}	13 442	60	20.6	0.345	200 000
C_{5D}	13 400	75	23.0	0.307	220 000

采用大吨位货车的效益表现在以下几个方面。

（1）节约车辆投资

每吨载重量投资节约为200 000/60−220 000/75＝400元。在载重利用率均为90%的情况下，每吨载重量投资节约为444元。

（2）节约站线投资

发展重载运输是铁路运输大宗货物的一种有效措施。但发展重载运输由于列车长度大，需要有相应的站线有效长。而采用大吨位货车可以在不增加车辆长度的条件下，提高车辆的装载能力，可以在不增大或少增大列车长度（不增加或少增加站线有效长度）的条件下实现重载运输，从而减少由于延长站线有效长而增加的投资。

以现有载重60 t的敞车推算，我国目前多数铁路线路的站线有效长为850 m，列车总重只能达到4 000 t。开行5 000 t列车需要站线有效长为1 050 m，开行6 000 t列车需要站线有效长为1 250 m。若货车载重能力提高到75 t，则850 m的站线有效长即可开行5 000 t列车，1 050 m站线有效长则可开行6 000 t列车。

（3）节约运营支出

由于车辆大型化使车辆自重系数降低，单位车辆自重所装载的货物质量增加，减少了货物列车总重中车辆自重的比例，使得与列车总重有关的支出减少，从而节约运营支出、降低运输成本。以上述车型为例，新车自重系数较目前车辆减少约11%，4 000 t列车将减少自重110 t。在重车载重力利用系数相同的情况下，采用大型车辆后可以减少车辆自重总重吨公里数，从而减少与总重吨公里有关的运营支出。

（4）车辆投资节省

采用大型货车后，由于车辆载重能力增加，完成同样多的货物运输量，需要的车辆数减少，购买车辆的费用相应降低。

（5）机车投资节省

在机车牵引总重不变的条件下，货车自重系数降低，完成同样多的货物吨公里，车辆自重吨公里数减少，从而引起机车需要量的减少，从而减少机车投资。

例8-3 铁路车辆与机车使用效率间的关系。在运量不是太大的线路上，往往会出现这样的情况，若要充分发挥机车的牵引能力，提高机车的使用效率，就要延长车辆在编组站的集结等待时间，降低车辆的使用效率；反之，要提高车辆的使用效率，又必须降低机车的使用效率。

如果不考虑其他因素的影响，这是一个求机车使用成本与车辆使用成本之和最小值的问题，很容易用数学方法求解。但在实际工作中，由于需要考虑其他因素，问题并不如此简单，数学上的最优解未必是实践中的最优选择，如车辆和机车的供给能力不一样，可能需要考虑充分发挥供给相对短缺的设备能力。另外，还要考虑线路的通过能力，通过能力紧张时，需要尽可能增大列车重量，这样机车的利用效率就随之提高。线路通过能力富余时，可能要考虑货物的运输时间问题，以加快运输速度为主要目标，此时车辆的使用效率就会提高。

在市场经济条件下，货主的要求是另一个要考虑的因素，需要按其不同要求组织运输生产。另外，还有市场竞争的需要。为了有利于占领市场，企业往往会以牺牲效率为代价，如货主要求快速运输时，就只能降低机车的使用效率。

例 8-4　直达列车经济效益。开行直达列车是铁路系统压缩货车非运行时间、加速货车周转，进而降低运输成本、提高铁路经济效益的有效手段之一，也是提高铁路货物送达速度、增强铁路在运输市场竞争能力的有力措施。

编组站是铁路运输工作中的一个重要环节，铁路货车运用时间的近 1/3、货物在途时间的约 30% 部消耗在技术站的中转上。压缩货车在编组站的中转作业时间（简称中时），对加快货物送达速度和提高货车使用效率、降低运输成本、提高铁路运输系统的经济效益具有双重的重要作用。直达运输是铁路货物运输组织的一种方式，是加速货车周转的有力措施之一。开行直达列车对始发编组站和通过编组站的中时指标与自身利益都有影响。

目前，对直达列车的考核与经济清算存在不完善处。首先，只是考核开行列数及是否完成编组计划等，未考虑无改编通过的编组站数，而直达列车带来的经济效益与无改编通过的编组站数成正比。其次，对列车编成车数没有纳入考核范围，直达列车的成本和效益都与编成车数有直接关系；不同线路的列车牵引定数不同，各编组站开行的直达列车的编成车数不同，成本和效益也不同，奖励也应不同。最后，对编开直达列车的奖励没有与其成本增加和带来的整体经济效益挂钩，编组站认为得不偿失时就会缺乏积极性。

货物列车在编组站的作业分为两种情况：改编列车和无改编列车。改编列车的作业包括到达作业、解体作业（含车辆的集结过程）、编组作业和出发作业；无改编列车的作业包括到达作业、出发作业，必要时进行增轴或减轴作业。

直达列车的经济效益表现在列车无改编通过沿途编组站带来的车辆小时的节省、有调改无调后中转费用的减少、运输服务质量的提高引起的运输收入的增加，以及缓解途径编组站的能力紧张状况，提高铁路货运在运输市场中的竞争力等。但开行直达列车，对始发、无改编通过编组站也有不利影响。

开行直达列车对始发编组站的不利影响是需要增加一个去向的集结时间，使车站中时延长，并增加调车场分类线，从而增加了部分成本，影响了编组站的考核指标和清算收入。始发编组站要提高编发直达列车的积极性，需要使其编发直达列车的收入大于由此产生的成本支出增加量与清算收入减少量之和。

直达列车对无改编通过编组站的影响表现为有调车数减少引起的清算收入减少、有调车数减少引起的同方向货车集结时间延长造成的成本增加和清算收入减少。

因此，为了开好直达列车，需要对编组站的清算标准进行修改，使沿途编组站的利益不受损害。

开行直达列车的经济合理性是其带来的收益增加量大于成本增加总量。另外，直达列车的经济效益，随着直达列车无改编通过的编组站数的增加而增加，因此需要在考核清算时加入此项指标。

例 8-5　铁路开行重载列车的经济效益。铁路货物运输中开行重载列车可以在不增加线路通过能力的条件下，增加线路的输送能力，从而降低每货物吨公里分担的线路固定成本、机车牵引成本（在采用大功率机车条件下）。旅客列车扩大编组也可以获得类似的效益。

例 8-6　运输能力利用与市场需求间的平衡关系分析。运输需求是一种派生性需求，运输行业是一个为社会生产和人民生活服务的行业。这决定了运输生产组织必须以满足需要为首要目标，这一目标与实现运输企业效率（或效益）最大化往往是矛盾的。

从运输企业自身效率最高出发，运输设备利用率越高越好，如货物总是在等待装车、旅客列车总是满员甚至超员、线路通过能力利用率总是百分之百等。但从社会效率来说，上述情况显然是不利的，货物等待装车影响了物资的流通速度，增加了占用资金，甚至影响了占有市场；线路通过能力满负荷，使得在需求发生波动时，需求无法满足，制约生产的发展；旅客列车满员或超员可能意味着有的旅客可能没有座位、买不到票，服务质量无法保障（如车上供水等）。

如何平衡运输能力利用效率与满足市场需求、保证服务质量之间的关系，既是一个经济问题，又是一个社会问题，站在不同的角度，会有不同的策略。

复习思考题

1. 运输成本、运输收入与运量之间是什么关系？
2. 运输收入与运价之间是什么关系？
3. 铁路运输收入项目有哪些？
4. 为什么要进行运输收入分配？

附录A 模拟试题

A.1 模拟试题一

一、填空题（每空2分）

1. 铁路运输设备，可分为________和________及装卸设备等类型。

2. 从不同角度看，运输业可以分别划归为________、________、________等产业部门。

3. 按照成本计算的任务与目的不同，运输成本计算可分为________与________两大类。

4. 常用的运输基础设施定价方法有________、________和________。

二、名词解释（每小题3分）

1. 公共产品
2. 人口分布
3. 综合运输体系
4. 固定成本
5. 外部成本

三、简答题（每小题5分）

1. 运输价格与运输需求的关系是什么？
2. 运输产品的特点是什么？
3. 为什么将运输业划归为服务业？
4. 运输业如何提高劳动生产率？
5. 劳动力成本包括哪些内容？

四、分析题（每小题10分）

1. 政府制定交通运输价格上限和下限的目的是什么？
2. 如何提高运载设备使用效率？
3. 画图并说明运量、运输成本和运输企业经济效益之间的关系。
4. 描述运输供给与运输需求之间的平衡关系。

A.2 模拟试题二

一、填空题（每空 2 分）

1. 铁路运输经济研究的对象是运输产业的基本理论、________________和________________，以及体现上述规律的原则、制度与方法。

2. 经济发展对旅客运输需求的影响包括________________、经济体制的影响、________________、________________等方面。

3. 运输成本按支出与运量的关系，可分为________________与________________。

4. 运输供给具有________________、整体性、________________、部分可替代性、时空差异性、________________等主要特征。

二、名词解释（每小题 3 分）

1. 运输供给
2. 运输价格弹性
3. 劳动生产率
4. 边际成本
5. 运输

三、简答题（每小题 5 分）

1. 铁路货车大型化的经济效益表现在哪些方面？
2. 什么是固定资产折旧？
3. 运输产品的无形性对运输供给有什么影响？
4. 为什么说运输业是物质生产部门？
5. 按公共产品制定运价有哪几种方法？

四、分析题（每小题 10 分）

1. 运输时间是如何影响旅客运输需求的？
2. 如何理解运输产品的公共产品特性？
3. 分析交通运输设施拥挤收费的原理。
4. 论述运输与经济发展之间的关系。

参 考 文 献

[1] 秦四平. 运输经济学. 2版. 北京：中国铁道出版社，2007.
[2] 帅斌. 铁路运输经济学. 北京：中国铁道出版社，2011.
[3] 邵春福，秦四平. 交通经济学. 北京：人民交通出版社，2008.
[4] BLAUWENS G，BAERE P D，VAN DE VOORDE B. 交通运输经济学. 史小宁，胡微红，胡昊，译. 北京：人民交通出版社，2009.
[5] 陈剑华. 运输经济学. 北京：北京大学出版社，2009.
[6] 贾顺平. 交通运输经济学. 北京：人民交通出版社，2011.
[7] 蒋惠园. 交通运输经济学. 武汉：武汉理工大学出版社，2009.
[8] 欧国立. 轨道交通运输经济. 北京：中国铁道出版社，2010.
[9] 胡思继. 铁路运输经营活动分析原理. 北京：中国铁道出版社，2000.
[10] 钱仲侯，杨爱芬. 铁路运营与经济指标. 北京：中国铁道出版社，2003.
[11] 韩彪. 交通运输学. 北京：中国铁道出版社，2000.
[12] 赵锡铎. 运输经济学. 大连：大连海事大学出版社，1998.
[13] 管楚度. 新视域运输经济学. 北京：人民交通出版社，2002.
[14] 许庆斌，荣朝和，马运. 运输经济学导论. 北京：中国铁道出版社，1995.
[15] 巴顿. 运输经济学. 冯宗宪，译. 北京：商务印书馆，2001.
[16] 陈贻龙，邵振一. 运输经济学. 北京：人民交通出版社，2006.
[17] 孙明贵. 交通经济学. 北京：中国物资出版社，1997.
[18] 荣朝和. 西方运输经济学. 北京：经济科学出版社，2008.
[19] 蔡庆麟，刘艳琴，王玉兴. 运输经济与管理决策. 北京：人民交通出版社，1998.
[20] 张鼎远，李金纨. 铁路运输成本. 北京：中国铁道出版社，1992.
[21] 荣朝和. 关于运输业规模经济和范围经济问题的探讨. 中国铁道科学，2001（4）.
[22] 张有恒. 运输经济学：理论与实务. 台北：华泰书局，1992.
[23] 严作人，张戎. 运输经济学. 北京：人民交通出版社，2003.
[24] 李永生，黄君麟. 运输经济学. 北京：机械工业出版社，2004.
[25] 杭文. 运输经济学. 南京：东南大学出版社，2008.
[26] 赵淑芝. 运输经济分析. 2版. 北京：人民交通出版社，2008.
[27] 隽志才. 运输技术经济学. 北京：人民交通出版社，2003.